中国社会科学院国情调研特大项目"精准扶贫精准脱贫百村调研"

精准扶贫精准脱贫百村调研丛书

CASE STUDIES OF TARGETED POVERTY REDUCTION AND
ALLEVIATION IN 100 VILLAGES

李培林／主编

精准扶贫精准脱贫
百村调研·骆驼湾村卷

一个太行山贫困农村的脱贫之路

王月金　李　静／著

社会科学文献出版社

SOCIAL SCIENCES ACADEMIC PRESS (CHINA)

中国社会科学院国情调研特大项目
"精准扶贫精准脱贫百村调研"
项目协调办公室

主　任：王子豪

成　员：檀学文　刁鹏飞　闫　珺　田　甜　曲海燕

总　序

　　调查研究是党的优良传统和作风。在党中央领导下，中国社会科学院一贯秉持理论联系实际的学风，并具有开展国情调研的深厚传统。1988 年，中国社会科学院与全国社会科学界一起开展了百县市经济社会调查，并被列为"七五"和"八五"国家哲学社会科学重点课题，出版了《中国国情丛书——百县市经济社会调查》。1998 年，国情调研视野从中观走向微观，由国家社科基金批准百村经济社会调查"九五"重点项目，出版了《中国国情丛书——百村经济社会调查》。2006 年，中国社会科学院全面启动国情调研工作，先后组织实施了 1000 余项国情调研项目，与地方合作设立院级国情调研基地 12 个、所级国情调研基地 59 个。国情调研很好地践行了理论联系实际、实践是检验真理的唯一标准的马克思主义认识论和学风，为发挥中国社会科学院思想库和智囊团作用做出了重要贡献。

　　党的十八大以来，在全面建成小康社会目标指引下，中央提出了到 2020 年实现我国现行标准下农村贫困人口脱贫、贫困县全部"摘帽"、解决区域性整体贫困的脱贫攻坚目标。中国的减贫成就举世瞩目，如此宏大的脱贫目标世所罕见。到 2020 年实现全面精准脱贫是党的十九大提出的三大攻坚战之一，是重大的社会目标和政治任务，中国的贫困地区在此期间也将发生翻天覆地的变化，而变化的过程注定不会一帆风顺或云淡风轻。记录这个伟大的过程，总结解决这个世界性难题的经验，为完成这个攻坚战献计献策，是社会科学工作者应有的责任担当。

2016 年，中国社会科学院根据中央做出的"打赢脱贫攻坚战"战略部署，决定设立"精准扶贫精准脱贫百村调研"国情调研特大项目，集中优势人力、物力，以精准扶贫为主题，集中两年时间，开展贫困村百村调研。"精准扶贫精准脱贫百村调研"是中国社会科学院国情调研重大工程，有统一的样本村选择标准和广泛的地域分布，有明确的调研目标和统一的调研进度安排。调研的 104 个样本村，西部、中部和东部地区的比例分别为 57%、27% 和 16%，对民族地区、边境地区、片区、深度贫困地区都有专门的考虑，有望对全国贫困村有基本的代表性，对当前中国农村贫困状况和减贫、发展状况有一个横断面式的全景展示。

在以习近平同志为核心的党中央坚强领导下，党的十八大以来的中国特色社会主义实践引导中国进入中国特色社会主义新时代，我国经济社会格局正在发生深刻变化，脱贫攻坚行动顺利推进，每年实现贫困人口脱贫 1000 多万人，贫困人口从 2012 年的 9899 万人减少到 2017 年的 3046 万人，在较短时间内实现了贫困村面貌的巨大改观。中国社会科学院组建了一百支调研团队，动员了不少于 500 名科研人员的调研队伍，付出了不少于 3000 个工作日，用脚步、笔尖和镜头记录了百余个贫困村在近年来发生的巨大变化。

根据规划，每个贫困村子课题组不仅要为总课题组提供数据，还要撰写和出版村庄调研报告，这就是呈现在读者面前的"精准扶贫精准脱贫百村调研丛书"。为了达到了解国情的基本目的，总课题组拟定了调研提纲和问卷，要求各村调研都要执行基本的"规定动作"和因村而异的"自选动作"，了解和写出每个村的特色，写出脱贫路上的风采以及荆棘！对每部报告我们都组织了专家评审，由作者根据修改意见进行修改，直到达到出版要求。我们希望，这套丛书的出版能为脱贫攻坚大业写下浓重的一笔。

中共十九大的胜利召开，确立习近平新时代中国特色社会主义思想作为各项工作的指导思想，宣告中国特色社会主义进入新时代，中央做出了社会主要矛盾转化的重大判断。从现在起到 2020 年，既是全面建成小康社会的决胜期，也是迈向第二个百年奋斗目标的历史交会期。在此期间，国家强调坚决打好防范化解重大风险、精准脱贫、污染防治三大攻坚战。2018 年春节前夕，习近平总书记到深度贫困的四川凉山地区考察，就打好精准脱贫攻坚战提出八条要求，并通过脱贫攻坚三年行动计划加以推进。与此同时，为应对我国乡村发展不平衡不充分尤其突出的问题，国家适时启动了乡村振兴战略，要求到 2020 年乡村振兴取得重要进展，做好实施乡村振兴战略与打好精准脱贫攻坚战的有机衔接。通过调研，我们也发现，很多地方已经在实际工作中将脱贫攻坚与美丽乡村建设、城乡发展一体化结合在一起开展。可以预见，贫困地区的脱贫攻坚将不再只局限于贫困户脱贫，我们有充分的信心从贫困村发展看到乡村振兴的曙光和未来。

是为序！

全国人民代表大会社会建设委员会副主任委员

中国社会科学院副院长、学部委员

2018 年 10 月

前　言

一　调研背景

改革开放 40 年来,我国农村居民收入水平持续提高,生活条件显著改善,贫困人口大幅减少,我国农村已经从普遍贫困走向整体消除绝对贫困。按当年价现行农村贫困标准衡量,1978 年末农村贫困发生率约 97.5%,以乡村户籍人口作为总体推算,全国农村贫困人口规模为 7.7 亿人;2018 年末农村贫困发生率为 1.7%,全国农村贫困人口规模为 1660 万人。从 1978 年到 2018 年,我国农村贫困人口减少 7.5 亿人,年均减贫人口规模接近 1900 万人;农村贫困发生率下降 95.8 个百分点,年均下降 2.4 个百分点。[①]

党的十八大以来,以习近平同志为核心的党中央,更加重视扶贫开发工作,出台了一系列重大的扶贫开发政策和措施,明确要求到 2020 年我国现行标准下农村贫困人口实现脱贫,贫困县全部摘帽,解决区域性整体贫困,如期实现全面建成小康社会奋斗目标。[②] 为积极推进精准扶

[①]　根据国家统计局网站数据测算,http://www.stats.gov.cn/。

[②]　中共中央党史和文献研究院:《在中央扶贫开发工作会议上的讲话》,载《十八大以来重要文献选编》,中央文献出版社,2018,第 29 页。

贫和脱贫攻坚工作，我国动员全国全社会力量，打响脱贫攻坚战，脱贫攻坚成效显著，取得了决定性进展。党的十八大以来，全国农村贫困人口累计减少8239万人。按现行贫困标准，2013年至2018年我国农村减贫人数分别为1650万、1232万、1442万、1240万、1289万、1386万人，不仅每年减贫人数均在1000万以上，而且打破了以往新标准实施后脱贫人数逐年递减的格局。截至2018年末，全国农村贫困人口从2012年末的9899万人减少至1660万人，累计减少8239万人；贫困发生率从2012年的10.2%下降至1.7%，累计下降8.5个百分点。[①]

2016年是"十三五"脱贫攻坚规划的开局之年，各地脱贫攻坚工作如火如荼地展开，为了及时记录、呈现和总结当前的精准扶贫、精准脱贫实践，并总结经验、发现问题，中国社会科学院在国情调研框架下，于2016年及时设立中国社会科学院国情调研特大项目"精准扶贫精准脱贫百村调研"。该项目在全国范围内选取兼具代表性和典型性的104个贫困村（含脱贫村）作为调研对象，为每个调研村组建一个子课题组，独立开展调研，要求至少完成30个工作日的调研工作量，完成问卷调查的"规定动作"和深入专题调查的"自选动作"，为每个贫困村撰写调研报告。本报告是基于对河北省保定市阜平县的一个重点贫困村——骆驼湾村的调研撰写而成的。

① 数据来源于国家统计局农村住户调查和居民收支与生活状况调查。

二　项目村背景

这个子课题是根据"精准扶贫精准脱贫百村调研"项目总体方案而设计，选择位于河北省北部太行山地区贫困程度较深的阜平县开展调查，阜平县是"燕山—太行山连片特困地区"中的典型贫困县，贫困范围广、贫困程度深。当地农业部门推荐了若干个贫困状况较为严重，同时又在精准扶贫工作上取得了一些进展的贫困村。在当地推荐基础上，经过反复论证，课题组确定了以龙泉关镇的一个贫困村作为调查对象，这就是位于该镇边缘的骆驼湾村。选择骆驼湾村是因为骆驼湾村在阜平地理位置偏僻、经济社会发展落后、贫困发生率高，属于国家重点贫困村。而且，习近平总书记在2012年底来调研过骆驼湾村的贫困情况，骆驼湾村的变化受到全国的关注。

阜平县位于河北省北部，历史悠久，据《河北省县名考原》云："境内多山，治所适当平坦，县或以此名。"阜为"兴旺昌盛"之意。全县土地总面积2496平方公里，其中耕地21.9万亩，占5.84%，俗称"九山半水半分田"。2016年户籍人口22.9万人，农村人口19.2万人。据阜平县政府工作报告，2016年，阜平全县国民生产总值完成36.59亿元，同比增长8.1%；全部财政收入完成3.62亿元，同比增长26.5%；一般公共预算收入完成2.67亿元，同比增长13.7%；固定资产投资完成64.4亿元，同比增长20.5%；城镇居民人均可支配收入完成14401元，同比增长10.4%；农村居民人均可支配收入完成6542元，同比增长 12.5%；各项存款余额 129.92 亿元，其中居民储蓄存款余额 70.79 亿元。贫困人口由 2014 年初建档立卡时的 10.81 万人下降到 2.88 万人，贫困发生率由 54.4% 下降到 14.8%。

阜平县是典型的山区贫困县，阜平自"八七"扶贫攻坚以来就是国定贫困县。据阜平县扶贫办数据，2012 年全县 209 个行政村中有 164 个贫困村，占 78.5%；2014 年初建档立卡贫困人口 10.81 万人，占总人口的 47%（总人口 22.98 万）。贫困程度深，各项经济指标在省市均居后位，远低于全国、全省、全市的平均数。发展基础弱，思想解放程度和对外开放程度低，基础设施支撑弱、公共服务水平弱、产业支撑弱、人才资金技术等要素支撑弱。

2012 年 12 月 29~30 日，习近平总书记到阜平考察扶贫开发工作，对贫困地区全面建成小康社会做出重要指示，"'三农'工作是重中之重，革命老区、民族地区、边疆地区、贫困地区在'三农'工作中要把扶贫开发作为重中之重，这样才有重点。我们不缺豪言壮语，也不缺运动式的东西，关键是看有没有找对路子，有没有锲而不舍干下去。"[①]2013 年阜平被确定为"燕山—太行山片区区域发展与扶贫攻坚试点"。阜平进入了向贫困宣战、向小康进军的新阶段。

骆驼湾行政村位于阜平县西部，龙泉关镇的西南部，下辖 9 个自然村，全村总面积约为 3.4 万亩，耕地面积为

---

① 习近平：《做焦裕禄式的县委书记》，中央文献出版社，2015，第 23~24 页。

990 亩，林地 2.2 万亩，荒山 1.1 万亩。2014 年被定为阜平县贫困村，2012 年全村 245 户 573 人，贫困户 189 户 447 人，占全村人口的 78%。

三 调研过程

2016 年 11 月至 2018 年 11 月，课题组对骆驼湾村分多次开展了实地调研，调研共分为四个阶段，课题组主要成员共 10 人参与调研工作，实际调研时间总计 70 余天，与县、镇、村三级 12 个部门 90 余人进行座谈访谈，对 70 户农户进行入户访谈。

第一阶段，预调研。2016 年 11 月，课题组对阜平县县情和骆驼湾村村情进行摸底调查，对阜平县县域经济发展情况、贫困程度及扶贫工作进展情况进行了了解，在骆驼湾村收集了村民花名册、建档立卡贫困户等基础数据和资料，与村、镇、县相关部门负责同志就相关专题进行了初步交流，并和有关单位就后期开展调研工作进行协调与沟通。

第二阶段，调研和抽样问卷调查。2017 年 5 月 24~29 日，由 7 人组成的调研团队在阜平县开展部门调研和村民问卷抽样调查。县级层面，与扶贫局、农委、规划局、金融办、民政局、教育局等部门就本部门在扶贫工作中的主要做法、成效、存在问题进行了座谈。镇级层面，与龙泉关镇镇长及扶贫办负责人进行座谈，了解全镇及骆驼湾村扶贫工作总体情况。村级层面，开展了住户抽样问卷调查，共获得 56 个有效户样本数据，完成村级问卷调查填写。这两份数据成为对村基本情况和居民以及贫困户基本情况分析的依据。调研组成员还走访了 4 家新型农业经营主体，与第一书记、村干部等进行了座谈。

住户抽样问卷调查采用随机抽样方法，由于骆驼湾村是整村的贫困，无法保证建档立卡贫困户和非建档立卡贫困户各占一半的要求，课题组采取随机起点等距抽样方法，共获得有效问卷 56 份。

第三阶段，专题调研。2017 年 10 月 20~27 日，由 3 人组成的调研团队赴阜平县开展专题调研，分为县、镇、村三个层面。

县级层面，与农委、林业局、扶贫局等部门就产业扶贫工作的主要做法、成效、存在问题及未来计划进行座谈；与统计局调查队就贫困监测、收支调查以及对脱贫审核效力等方面问题进行探讨。镇级层面，与龙泉关镇镇长及扶贫办负责人进行座谈，了解镇产业扶贫、保障兜底、建档立卡以及其他贫困村精准扶贫等情况。村级层面，开展了专项入户调查，编制了一份新的入户访谈提纲，调查了最困难的 8 户和有产业扶贫需求（有劳动能力）的 12 户，对 5 月访问的新型农业经营主体进行回访。与村干部继续进行座谈或访谈，了解村集体经济发展、村委会选举等情况。收集整理 2014 年以来历年与建档立卡和脱贫有关的资料、数据，对扶贫项目进行现场考察。

第四阶段，补充调研。2018 年 12 月 14~18 日，由 2 人组成的调研团队赴阜平县开展补充调研。县级层面，与扶贫局就当前扶贫工作存在的问题及建议进行座谈。镇级层面，与龙泉关镇镇长就扶贫工作进展及成效进行座谈，并补充完善相关数据。村级层面，与骆驼湾村村干部及贫困户、新型农业经营主体等做进一步对接，补充完善相关数据及资料；访问已退休的村干部，了解总书记来到骆驼湾村时村里的贫困状况。此阶段，边写报告边调研，调研内容包括建档立卡工作过程及数据核实、有关扶贫项目资料和数据、产业项目实地考察等，与第一书记和主要村干部、镇领导继续交流等。

四　调研和写作思路及报告内容

本报告是在大量实地调研资料和数据基础上撰写的调研报告，调研和报告写作思路均力求实事求是。首先，对阜平县县域扶贫工作进行了总体的调查，归纳总结贫困县贫困的原因及所开展的扶贫攻坚的做法。其次，对骆驼湾村进行"解剖麻雀"，总结骆驼湾村精准扶贫工作的主要做法、成效、经验及问题。最后，反复从县域层面、乡镇层面分析骆驼湾村贫困的根源及精准扶贫的实践，从村庄繁荣和贫困村发展前景的角度，指出骆驼湾村发展面临的问题，提出该村改进工作的对策思路。

根据研究总体思路，本报告共由七章组成，主要内容如下。

第一章是阜平县的脱贫实践。以县域的视角来描述阜平脱贫攻坚的努力。首先，梳理了国内外贫困山区脱贫的理论，力图寻找到可资借鉴的脱贫模式；其次，对阜平县的贫困现状进行了全面的介绍，从历史和现实角度剖析贫困山区致贫的原因；最后，介绍阜平县进行脱贫攻坚的努力及其取得的成效，总结了阜平县脱贫实践可资借鉴的经验及遗留的难题。

第二章是骆驼湾村的基本情况。对骆驼湾村的历史及村域状况进行了描述，借助历史资料，从县域和镇域对骆驼湾村地理位置的重要性进行了分析，阐释骆驼湾村的贫困具有地域性和历史性。对骆驼湾村的贫困状况进行了统计描述，总结归纳了骆驼湾村贫困的特点，一定程度上揭示了燕山—太行山连片贫困山区贫困的缘由。

第三章是骆驼湾村的脱贫历程。骆驼湾村在习近平总书记来访之后迎来了全国的关注和各种社会扶贫力量的帮助，骆驼湾村正式步入脱贫攻坚阶段。首先，作为连片贫困的山区农村，骆驼湾村的扶贫有历史欠账，新中国成立后的历次开发扶贫都没有涉及该村，政府这次把骆驼湾村定位为全国贫困重点村，从道路到住房等建设加大了扶持力度。其次，在开发扶贫的过程中，骆驼湾村探索精准扶贫在贫困山区贫困村的落实，在精准识别、精准分类、精准施策、精准帮扶、精准管理上都探索出适合当地情况的经验。最后，在脱贫后，骆驼湾村把实现小康作为目标，并制定了相应的巩固扶贫结果的措施。

第四章是骆驼湾村的脱贫成效。本部分主要是对问卷调研数据的分析，从脱贫结果来看，经过短短几年的脱贫攻坚，骆驼湾村贫困发生率大幅度降低，村民的生活满意度提高。从人均纯收入核实情况来看，骆驼湾村村民人均纯收入持续增加，村民的收入满意度增加。从住房等生活保障来看，骆驼湾村已经实现了"两不愁、三保障"，村民生活开始步入小康。从脱贫认可度来看，建档立卡户和非建档立卡户均对脱贫工作比较认可，满意度比较高。从脱贫政策落实情况来看，在基础设施建设和公共服务上，扶贫政策均得到了贯彻落实。

第五章是骆驼湾村脱贫路径分析。本章从六个方面对骆驼湾村的脱贫路径进行了归纳总结，主要从项目实施和扶贫措施的角度，分类论述各种精准扶贫措施在骆驼湾村的开展情况及其效果。这六大类措施，分别是产业扶贫、美丽乡村建设脱贫、金融创新扶贫、医疗保障扶贫、社会兜底扶贫、教育扶贫。其中对产业扶贫和美丽乡村建设脱贫做了重点分析，因为这两项措施涉及的农户最多。

第六章是骆驼湾村脱贫经验。本章从贫困山区脱贫的角度对骆驼湾村脱贫的特点和可资借鉴的经验进行了归纳总结。首先，是开发式扶贫和精准扶贫同步进行，开发重点是改变当地的农民生产生活的基础设施，而精准扶贫则重点把扶贫资源向需要帮助的贫困人口倾斜。其次，户脱贫和村小康一起统筹规划，骆驼湾村在脱贫的过程中把一个个农户纳入整个村的小康建设中。再次，作为深度贫困的山区，骆驼湾村的脱贫和外界的帮扶分不开，外界的帮扶最终通过村民的自力更生呈现出来。最后，骆驼湾村的脱贫离不开阜平县的山区综合开发经营，只有将致贫的地理因素转变为致富因素才能从根本上保证村民致富。

第七章是骆驼湾村脱贫进程中的问题及建议。本章首先就骆驼湾村正在进行的脱贫措施进行了深度分析思考，从中找到其不可持续性的因素和可能引起返贫的问题。其次，针对未来可能导致返贫的问题进行了分析，力图找到可解决的途径，并提出几条兼具对策及建议性质的研究结论。

目　录

第一章

阜平县的脱贫实践

在人类历史上，由于自然资源特别是耕地资源的匮乏，山区总是容易导致贫困，贫困山区几乎成为一个固定用词，对贫困山区的研究国内外也由来已久。本章先是介绍了国内外理论界对贫困山区的脱贫研究，尤其是我国理论界对贫困山区的研究，然后结合历史对阜平的贫困现状进行了描述，即阜平贫困有其自身特点，集老区、山区、贫困地区"三区合一"。自习近平总书记2012年底到阜平考察扶贫工作以来，阜平县实施了脱贫攻坚计划并取得了明显的脱贫成效，农民收入增加，贫困发生率大幅降低，医疗服务和社会保障水平也获得了全面的提升，阜平县的贫困山区脱贫探索对骆驼湾村的脱贫攻坚具有直接的影响和作用。

第一节　贫困山区脱贫理论

我国目前大部分的贫困地区处于地理条件恶劣的山区,《中国农村扶贫开发纲要（2011~2020）》中强调六盘水山区、秦巴山区、武陵山区、乌蒙山区、滇桂黔石漠化区、滇西边境山区、大兴安岭南麓山区、燕山—太行山区、吕梁山区、大别山区、罗霄山区等区域的连片特困地区和已明确实施特殊政策的西藏、四省藏区、新疆南疆三地州是扶贫攻坚主战场。

一　国外研究现状

国外对贫困问题研究由来已久，19世纪末20世纪初，英国学者朗特里在其《城镇生活研究》一文中开创性地研究了英国的贫困问题，并且明确提出了"绝对贫困"概念，即"一个家庭处于贫困状态是因为其所拥有的收入不足以维持其生理功能的最低需要，这种最低需要包括食品、住房、衣着和其他必需品"。此后，关于贫困的研究引起了经济学、社会学等多个学科领域的关注，人们对贫困进行了更为深入的理论探讨，形成了一系列的理论论述。关于贫困研究的理论著作有：缪尔达尔的《世界反贫困大纲》和《富国和穷国》、舒尔茨的《贫穷经济学》和《人力资本论》、阿马蒂亚·森的《贫困与饥荒》和《以自由看待发展》等。缪尔达尔认为发展中国家的贫困归根结底是因为"不平等的社会结构"，使最终的经济发展成果为富人享有，而民众得到的是日益扩大的贫困。舒尔茨明确提出将贫困问题纳入经济学的研究范畴，并强调资本除了物质资本外还包括人力资本，贫困主要是由人力资本不足引起。阿马蒂亚·森通过对饥荒与权利等因素的分析，提出贫困是对人的基本能力的剥夺，是缺少各种经济社会以及交换权利的结果，而不仅仅是收入低下。阿马蒂亚·森深刻分析了隐藏在贫困背后的实质，极大地扩展了贫困研究的领域，为理解贫困提供了更为广阔和深层次的视野。此外，还有赫希曼的不平衡增长理论、汤森的社会排斥理论、甘斯的贫困功能理论和刘易斯的贫困文化与代际传递理论。

综观国外的贫困研究，可以看出他们的研究领域比较广，对贫困的研究跳出了传统经济学的局限，延伸至政治、文化、社会发展等领域，研究内容既有关于贫困的分类又有关于贫困的测量等，其理论研究的应用性比较强，许多贫困的观点和主张被联合国、世界银行等国际组织采纳，并运用到各国的反贫困实践中。但关于贫困山区脱贫的研究比较少，这是因为国外尤其是西方发达国家山区因为自然条件恶劣很多成为自然保护区，人口高度城市化的结果是交通不便的山区没有人长期居住。截至目前，从国外的贫困研究来看，还没有一种成熟的理论适合分析我国山区贫困地区脱贫的实践。

二 国内研究现状

国内对贫困研究起步比较晚，但从 20 世纪 80 年代我国政府开始实施全面大规模扶贫计划以来，学术界对贫困和反贫困的研究呈现了一种加速的态势，目前已经基本形成了系统性的理论体系，并出版了一批论述、著作，包括《中国贫困与反贫困理论》（康晓光，1995）、《地区经济增长与减缓贫困》（刘文璞、吴国宝，1997）、《中国西部农村反贫困战略模式研究》（赵曦，2000）、《中国转轨时期收入差距与贫困》（蔡昉，2006）、《社会参与、农村合作医疗与反贫困》（王曙光，2008）、《中国扶贫开发报告（2017）》（李培林、魏后凯、吴国宝，2017）、《中国减贫与发展（1978~2018）》（吴国宝等，2018）等。与此同时，相关论文数不胜数。国内的研究一般以中国实践为基础，尤其是对农村的贫困问题进行了深入广泛的研究和探讨，对于推动我国的反贫困事业起到了重要的促进作用。

国内对山区贫困和脱贫的研究以论文形式居多，如《资源禀赋对山区农户贫困脆弱性的影响》（梁凡、朱玉春，2018）、《中国易地扶贫搬迁的进展和问题》（李静、杨穗，2017）、《中国生态扶贫政策和实践》（吴国宝，2017）、《贵州大扶贫模式及其进展》（檀学文，2017）、《连片特困地区农户扶贫参与意愿及其影响因素研究——基于武陵山区贫困农户样本数据》（陈益芳等，2017）、《风险冲击对山区农户贫困的影响效应分析——基于广西、江西、湖北三省的农户调查》（薛龙飞等，2017）、《宁夏六盘山区县域贫困度与旅游资源优势度空间关联研究》（李丹、许丽君，2017）、《四川秦巴山区贫困特征及扶贫模式研究》（杨耀等，2016）、《民族山区农村贫困人口分布的变动趋势及对策建议——以湖北民族山区为例》（王孔敬，2015）、《武陵山区贫困乡村经济社会发展现状的调查与思考》（刀波等，2014）等。国内对山区贫困和脱贫的研究论文大多以实地调研为基础，从某一个角度来研究当地的致贫原因并力图找到脱贫的路径，关于山区的脱贫研究还没有形成系统的理论，更多的是各种脱贫实践经验的积累。

自2013年中央提出精准扶贫精准脱贫方略以来，国内学者对山区扶贫研究增多，研究角度呈现多元化趋势，有产业发展、金融扶贫、易地搬迁、旅游开发、生态保护等，大多数的研究以实地案例研究为主，由于国内山区分布南北差异大，东部发达地区和西部落后地区的山区也存在重大差别，而且各地山区的人文环境也存在差异，这就导致山区脱贫在路径选择上千差万别，没有形成一种普适的脱贫模式可以运用于所有的贫困山区，因此各地的扶贫都是因地制宜的探索过程。

第二节　阜平县的贫困现状

一　阜平县县情

阜平县，隶属河北省保定市，东与曲阳、唐县交界，东北与涞源为邻，西与山西省五台县相接，西北与山西省繁峙县相邻，南与行唐县、灵寿县毗连，北与山西省灵丘县交接。全县面积2496平方公里，辖6镇7乡1个社管会、209个行政村、1208个自然村。

阜平为全山区县，属太行山山系，境内地形复杂，属暖温带半湿润地区，气候为北温带大陆性季风气候，四季分明。阜平森林覆盖率达41.07%，植被覆盖率达80.8%，被誉为深山老峪"香格里拉"。阜平县全县土地总面积249396.95公顷，其中耕地14562.39公顷，占5.84%；园地2294.75公顷，占0.92%；林地46442.34公顷，占18.62%；草地19055.10公顷，占7.64%；城镇村及工矿用地5646.9公顷，占2.26%；交通用地1824.93公顷，占0.73%；水域6001.39公顷，占2.40%；其他土地153569.15公顷，占61.58%。[①] 耕地和居民点用地集中分布在山谷盆地区，林、园及未利用土地主要分布在山区。

---

① 数据资料来自阜平县国土局。

二 阜平县情特点

阜平县情的特点是老区、山区、贫困地区"三区合一"。

一是太行深山区。阜平为全山区县,山场面积326万亩,占总面积的87%,耕地面积仅21.9万亩,人均0.96亩,俗称"九山半水半分田"。全县生态环境良好,森林覆盖率41.07%,植被覆盖率80%以上,是保定市最绿的地方。水资源总量4.2亿立方米,人均占有量是河北省的8.3倍,是全国的4倍。

二是革命老区。阜平1925年就成立了中共党组织。1931年7月26日建立北方第一个红色县政权——中华苏维埃阜平县政府。1937年聂荣臻元帅按照中央指示率115师一部不足3000人,以阜平—五台为中心创建了我党我军第一个敌后抗日根据地——晋察冀抗日根据地,毛主席亲笔授予"模范抗日根据地"光荣称号。1948年4月毛主席率领中共中央机关移驻阜平,在城南庄主持召开书记处扩大会议,发布了"五一口号"。抗日战争和解放战争时期阜平一直是晋察冀边区党政军首脑机关所在地。抗战时期,阜平人口不足9万,养活了9万多人的部队和工作人员,2万多人参军参战,5000余人光荣牺牲,为民族独立、人民解放和新中国建立做出了巨大贡献。[①]

三是贫困地区。阜平是国家级贫困县,是国家"八七"

---

① 历史资料来源于阜平党史办。

扶贫攻坚计划重点县，是 21 世纪头十年国定贫困县，21 世纪第二个十年被列为"燕山—太行山连片特困地区重点扶持县"。2012 年底习近平总书记到阜平考察扶贫工作。2013 年阜平被确定为"燕山—太行山片区区域发展与扶贫攻坚试点县"。阜平是名副其实的经济弱县，各项经济指标在省市均居于后位，远低于全国、全省、全市的平均数，不仅与省内先进地区差距巨大，而且与同类贫困县相比也存在较大差距。全县 209 个行政村中有 164 个贫困村，占 78.5%；2013 年农民人均纯收入 3913 元，仅为全国平均水平的 44%。2014 年初建档立卡贫困人口 10.81 万人，占总人口的 47%（总人口 22.98 万）。发展基础弱，思想解放程度和对外开放程度低，基础设施支撑弱、公共服务水平弱、产业支撑弱、人才资金技术等要素支撑弱。特别是交通条件极为落后，整个县既不通火车，也不通高速公路。

第三节　阜平县脱贫攻坚的规划

2012 年 12 月 29~30 日，习近平总书记到阜平考察扶贫开发工作，对贫困地区全面建成小康社会做出重要指示。习近平总书记指出："没有农村的小康，特别是没有贫困地区的小康，就不可能全面建成小康社会。一定要想方设法尽快让乡亲们过上好日子。"①2013 年以来，按照试点要求，阜平县以脱贫攻坚统揽经济社会发展全局，坚持脱贫与建小康两步并作一步走，统筹推进脱贫攻坚与县域发展。

一 明确脱贫攻坚发展战略

阜平县根据自身县情以及在京津冀协同发展中应有的功能作用，明确了六大战略定位。

一是燕太片区区域发展与扶贫攻坚试点。率先实现燕太片区规划目标，在政策上先行先试，在体制机制上有所创新，在燕太片区有示范意义。

二是绿色安全农副产品生产加工供应基地。阜平以打造绿色安全的农副产品生产加工供应基地为目标，以提高种植养殖效益为核心，以科学技术为支撑，以推进土地流转、引进龙头企业进行规模化、产业化经营为模式，以金融服务为保障，以智慧农业为方向，实现种养产业的规模化、产业化、品牌化发展。

三是科技引导型先进制造业基地。阜平充分利用京津冀协同发展的机遇，争取京津地区科研机构、高等院校、企业研发机构在阜平设立分所分站，发挥引领带动作用。坚持"无中生有"，打造好产业园区承载平台，按照产业、骨干企业、项目、园区"四位一体"的模

① 习近平：《做焦裕禄式的县委书记》，中央文献出版社，2015，第16页。

式，积极引进高端先进制造业，加快培育县域经济的支撑产业。

四是中国北方知名旅游目的地。阜平以休闲度假为核心，以景区建设、健康养老为两翼，按照"县域即景区"的理念，整合资源、深入规划、加强建设、提升服务、扩大宣传、完善机制，全方位打造北方知名旅游目的地。

五是华北地区重要物流节点。立足阜平"两省四市九县"交汇处的区位优势，在传统物流基础上，抓住电子商务大发展的历史机遇，打造电子商务仓储配送基地，推动商贸物流发展，发挥阜平东出西联作用。

六是京津冀都市圈生态发展示范区。依据阜平在京津冀都市圈中的生态功能定位，按照修复、保护、建设与开发利用统筹的原则，以山脉沟域、河流水系、水库湿地为重点，加强生态环境建设，并从中获取相应的经济效益。计划用五年时间完成山水林田村综合治理，变生态资源优势为生态产业竞争优势。

二 确立脱贫攻坚发展目标

阜平县确定了"三年大见成效、五年稳定脱贫、八年建成小康"的奋斗目标。[①]

"三年大见成效"：通过 2013 年至 2015 年三年努力，制约富民产业发展的瓶颈得到破解，农民增收渠道多元且

---

① 资料来自阜平县政府工作报告，以下阜平县国民经济发展目标、数据，扶贫数据等均来自阜平县政府。

收入显著提高，以住房为核心的群众生活条件明显改善，因学、因病致贫问题得到解决。

"五年稳定脱贫"：到 2017 年，富民产业规模快速扩大，社会事业全面进步，教育、医疗、社会保障水平进一步提升，农民人均可支配收入达到 7500 元左右，贫困人口人均可支配收入达到 4000 元以上，实现全部脱贫。

"八年建成小康"：到 2020 年，城乡居民人均可支配收入达到 2 万元以上，农村居民人均可支配收入达到 1.5 万元以上，25 项小康监测指标达到或接近全国平均水平，群众过上幸福殷实的小康生活。

三 确定实施路径和脱贫重点

在实施路径中，阜平提出了"长打算、短安排、强基础、创机制"的实施路径。"长打算"就是着眼小康目标，推进全县经济社会全面发展，强化脱贫致富建小康的根本支撑。"短安排"就是着眼脱贫任务，短期内解决好群众增收、社会保障和生活环境改善问题。"强基础"就是做好打基础增后劲的工作，保障脱贫攻坚顺利、科学、高效推进。"创机制"就是按照开放开发式扶贫的理念，在政府主导下，充分发挥市场的机制和作用，在扶贫体制机制上大胆探索创新。

在群众脱贫方面主要抓好五个关键。一是抓好建立在富民产业发展、实现稳定就业基础上的群众收入的提高。二是抓好建立在易地扶贫搬迁、美丽乡村建设基础上的住房条件的改善。三是抓好建立在学校硬件建设、教学质量水平提升和贫困学生救助基础上的教育保障。四是抓好建立在城乡医疗服务体系完善和新农合报免后再次报免补偿基础上的医疗保障。五是建立社会兜底保障机制，完善社会保障体系。

在县域发展方面主要抓好五个重点。一是快速推进以交通为主的基础设施建设。二是按照产业、骨干企业、项目、园区"四位一体"的模式，打造县域经济支撑。三是着眼城乡统筹，加快城镇化步伐。四是抓好生态文明建设，实现绿色发展。五是加强以组织领导和智力人才为核心的保障体系建设。

第四节　阜平县脱贫的成效

一　发展富民产业提高农民收入

阜平县突出抓好产业就业，确定了"长短结合、多点支撑"的富民产业发展思路，不断壮大发展以食用菌、家庭手工业、高效林果业为主导，以其他种养业为补充的多元化致富产业体系，有效保障了有劳动能力的贫困人口通过产业和稳定就业实现脱贫。

一是加快推进农业产业结构调整。阜平以规模化、产业化为发展方向，大力发展以食用菌、林果为主的高效农业。阜平利用"占补平衡"政策，采取"政府＋企业＋村委会＋农户"的模式，高标准有序整治开发荒山。截至2018年底，完成立项新增耕地16.3万亩，覆盖8个乡镇26个行政村1.5万余人，已验收新增耕地3.52万亩，栽植苹果、梨、葡萄等品种。

食用菌产业。阜平县以香菇、黑木耳为主要发展品种，以科技研发为引领，以标准化、规范化栽培管理为基础，以周年出菇、出优质菇、精深加工为目标，加快实施"一核、四带、百园覆盖"产业布局规划，完善产业链条，提高产出效益，做响"老乡菇"品牌。截至2018年底，累计完成投资9.2亿元，共流转土地2万亩，建成香菇、木耳规模园区91个，棚室4564栋，覆盖13个乡镇140个行政村，辐射带动农户1.5万余户，其中贫困户7000余户，户均年增收2万元。

高效林果业。在改造提升大枣、核桃、板栗等传统林果业基础上，阜平县重点发展高山苹果、晚熟桃、葡萄等绿色高效林果，着力加强林果园区无公害种植，扩规模、创品牌、拓市场。

截至2018年11月，阜平全县各类林果种植面积累计达29.9万亩，覆盖13个乡镇154个行政村3万余户，其中贫困户7138户，户均年增收2000元左右。

二是发展家庭手工业。从2015年开始，阜平县通过"政府支持、企业运营、农民参与"的模式，与白沟、容城、雄县等地对接合作，引进并发展家庭手工业，为农村留守闲散劳动力提供就业致富门路。家庭手工业发展共涉及服装、玩具等 20 个行业，其中 15 人以上加工点发展到 196 家，覆盖 104 个行政村，直接带动贫困人口 428 人，人均年增收 8000 元左右。同时，大力推广"小手工活"进农家项目，针对行动不便或不能离家的群众，送货上门，帮助安排制作插花、小彩旗等小手工活实现增收，覆盖贫困人口 110 余人，人均年增收 5000 元左右。

三是发展特色养殖业。阜平县探索"龙头企业 + 公司 + 合作社 + 贫困户"的发展模式，与野谷集团、新希望六合、保定五花头等著名企业合作，大力发展以肉羊、肉牛、生猪等为主的养殖业。截至 2018 年 11 月，全县各类规模养殖场发展到 598 家，覆盖 13 个乡镇 209 个行政村 6800 户，其中贫困户 4800 户，户均年增收 3600 元。

四是发展中药材产业。阜平县进一步扩大中药材种植规模，截至 2018 年 11 月，全县中药材种植发展到 7.8 万亩，覆盖 13 个乡镇 153 个行政村，带动农户 1.3 万户，其中贫困户 2700 余户，户均年增收 1400 元。

五是积极推进电子商务发展。阜平县以"全国电子商务进农村综合示范县"创建为契机，与阿里巴巴、京东、苏宁易购等知名电商合作，建成阜平电商创业园和京东电商服务中心，农村电商服务网点发展到 209 家，淘宝网店发展到 710 家，微店发展到 6000 多家，电商销售额达到 3000 万元。

六是劳务经济规模和效益稳步提高。加强职业教育和专业技能培训，组织引导劳务就业。阜平县加强京津劳务协作，2018 年订单式输出劳动力 900 人，其中建档立卡贫困户 276 人，实现劳务增收 2700 万元。就近就地转移农村劳动力 2325 人，其中建档立卡贫困户 565 人，实现农民增收 3802 万元。

二　村庄搬迁整合提升基础设施

阜平县以实现"城乡基础设施一体化、社会公共服务均等化"为目标，规划了"1（县城）+6（中心镇）+43（农村中心社区）+40（基层村）+32（特色保留村）"的城乡发展体系，采取三种方式推进美丽乡村建设。

一是就地实现城镇化，对在城镇规划区范围内的农户实施就地城镇化，共涉及 17 个行政村 90 个自然村 7500 户 2.88 万人。

二是就地改造提升，对有文化价值、有特色、适合旅游、不宜迁并的村庄进行改造提升，共涉及 43 个行政村 84 个自然村 8614 户 2.6 万人。

三是实施易地搬迁并整合，对规模小、基础设施和公共服务覆盖难、居住生活条件恶劣的村庄进行搬迁整合。2016 年以来，阜平县分三批推进易地搬迁工作，共谋划建设 41 个集中安置项目，搬迁安置总人口 65505 人，其中建档立卡贫困人口 35641 人。截至 2018 年 11 月，已经完成 28 个集中安置点 17034 名建档立卡贫困人口的分房工作。涉及一、二批 31 个集中安置项目的 21578 名建档立卡贫困人口将全部领到新房钥匙。

2016 年启动了 53 个美丽乡村居民点建设，涉及 101 个行政村 598 个自然村 2.8 万户 8.7 万人，其中改造提升项目点 20 个，搬迁整合项目点 33 个。截至 2018 年底，已完成全县域美丽乡村建设任务量的 80%。

三 重视学校建设和贫困学生救助

一是改善教育硬件环境。目前，总投资 2.6 亿元的 13 所高标准农村寄宿制学校竣工投入使用，实现 4~9 年级学生寄宿就读，有效解决了农村孩子"跑着上学"的问题；实施史家寨中学、城南庄中学等 5 所乡镇初中和 71 所农村小规模学校薄弱改造工程，进一步提升了农村学校的办学条件。占地 518.88 亩的职教学校新校区建成投用，包括教学实训区、运动生活区、产业孵化区三大功能区域，可容纳 6000 名学生就读。与一汽、上汽、长安、比亚迪 4 家车企合作建立梦翔培训基地，已累计招生 3812 名，有 2102 名学生在车企就业和实习。北京—燕太片区职教扶贫协作区成员校达到 51 所，一汽、上汽、长安、北汽、比亚迪、京东集团、中华爱心基金会等 12 家企业及基金会加入协作区。

二是提升教育教学水平。与衡水中学、石家庄 28 中、保师附校等学校进行对接合作，其中衡水一中与阜平中学自 2016 年起签订了合作办学协议，引进衡水中学管理团队和师资力量，加快提升教学质量。初中、小学分别与石家庄 28 中、保师附校等名校进行合作洽谈，加快提升教学水平。

三是建立教育救助机制。为有效解决"因贫失学""因学致贫"问题，阜平县着力加大贫困学生救助力度，在全面落实国家贫困学生救助政策的同时，阜平县财政从 2015 年开始每年筹资 1300 多万元，设立贫困学生救助基金，建立起从学前教育到大学全覆盖的救助体系。目前累计救助 10092 人次，发放资金 3552.97 万元，其中 2018 年救助贫困大学生 428 名。

四　全面提升医疗服务和保障水平

一是改善医疗硬件条件。2016 年启动了总投资 8 亿元建筑面积 9.97 万平方米的县中医院、总投资 6300 万元建筑面积 1.26 万平方米的妇幼保健院、总投资 2280 万元建筑面积 0.56 万平方米的疾控中心等卫生项目建设，2017 年底以上项目全部竣工并投入使用。

二是提升医疗技术水平。与上级医院加强对接，建立合作共建关系，通过上级医院派驻医疗团队驻点帮扶、选派技术骨干外出进修等多种形式提升诊疗水平。与河北医科大学附属第二医院签订《阜平县医院帮扶协议》，2016 年挂牌成立"河北医科大学第二医院阜平医院"，对阜平县医院实行帮扶式托管，中医院拟与河北省中医院进行托管合作。

三是建立健全医疗保障机制。县财政从 2015 年开始每年编列预算 1800 万元，建立了农村大病患者及特殊慢性病患者再次补偿机制，对参合农民的医疗费用，在新农合基本报销和大病保险补偿的基础上再次进行报销，使农村贫困人口住院实际报销比例提高到 90% 以上，普通门诊慢性病医疗费报销比例提高到 80% 以上。同时，县财政每年编列预算 1200 万元，建立了农村 60 岁以上老人县内住院费用 100% 报销机制。建立重特大疾病救助基金，对纳入救助范围的重特大疾病患者进行专项救助。以上机制的建立，有效解决了困难群众"无钱治病、因病致贫"的问题。

五 建立健全社会兜底保障网络

阜平县施行低保线与贫困线两线合一，把 2017 年底建档立卡贫困人口中完全或部分丧失劳动能力、无法依靠产业扶持和就业帮助脱贫的家庭全部纳入低保范围，确保所有低保贫困户稳定脱贫。并加强动态管理，建立动态保障管理机制，确保不漏保、不错保。同时对建档立卡贫困人口之外的低保人口与建档立卡贫困户同步开展调查服务，逐户建立台账，及时掌握情况变化，采取帮扶措施，防止返贫。

建立社会兜底保障基金，对低保对象进行补差，对农村低保人群进行梳理调整，将无劳动能力、无法自主脱贫人员全部纳入低保保障范围，按照低保线与贫困线"两线合一"的要求，对低保人群分类施保（一类低保每月每人补差 340 元；二类低保每人每月补差 260 元；三类低保每人每月补差 175 元），确保每年享受低保补差后人均收入标准达到 4000 元以上，并按月发放。

探索建立县、乡、村三级养老服务机制，形成县级服务中心＋乡镇搬迁养老服务中心＋村级自助养老幸福院三级扶贫养老服务体系，同时引进养老服务团队实行社会化运营。2016 年总投资 1336 万元、建筑面积 1.05 万平方米的民政服务中心一期项目已建成投入使用，2017 年投资 2270 万元、建筑面积 1.69 万平方米的民政服务中心二期工程建成投入使用；总投资 8000 万元、建筑面积 2.47 万平方米的龙泉关养老服务中心主体已基本完工，计划 2019 年投入使用。

第五节　阜平县的脱贫探索

一　深化精准扶贫实施机制

在精准识别上，阜平县推行了"一主四辅、三类五步"工作法，即在识别标准上采用人均可支配收入为主，住房、教育、医疗、社保为辅的"一主四辅"法，按百分制对每项设立不同权重的分值和详细的评分标准以及评分方法。在农户分类上，将识别对象分为贫困户、基本脱贫户、非贫困户"三个类别"，在识别程序上分信息采集、综合评估、逐级审核、民主评议、公开公示"五个步骤"。在精准帮扶上，建立了"县级领导包乡镇、包村、包户"制度，实现了驻村工作组对全县 209 个行政村和所有农户帮扶全覆盖。健全扶贫机构，建立了乡镇扶贫办公室和村精准扶贫工作室。在帮扶内容上，重点做好群众收入、住房、教育、医疗、社保五个方面的工作。在精准管理上，细化精准管理工作，为 209 个行政村配备了 293 名信息管理员，专门负责贫困户日常信息的收集、整理、登记和录入工作，保证建档立卡信息管理系统及时更新，实现动态管理，为精准脱贫提供真实客观依据。根据帮扶情况，一年一评估一更新，实施动态精准管理。

二 建立山区综合开发经营机制

阜平县域面积 374 万亩，未利用地 256 万亩，其中坡度以下未利用地达 52 万亩，涉及中东部 8 个乡镇 98 个行政村 7 万人。2013 年以来，阜平立足资源优势，把推进荒山整治开发作为加快脱贫致富建小康的战略突破口，利用国家给予的土地"占补平衡"政策，采取"政府 + 企业 + 村委会 + 农户"的模式，进行高标准有序整治开发。

一是政府统筹主导。政府积极做好编制整治规划、制定推进方案、实施立项审批、引进龙头企业、监管企业运作经营等方面工作。

二是企业开发经营。引进龙头企业做好市场化运作、高标准整治土地、发展高效农业、保障农民权益等方面工作。

三是村级组织推动。村"两委"主要是做好荒山土地流转、协调群众工作、监督企业经营、落实收益分红等方面工作。

四是农户合作参与。农户层面主要是转让荒山经营权、实现资源变资本、入股参与分红、务工增加收入。

截至 2018 年底，阜平 52 万亩荒山整治完毕，全县新增耕地 20 万亩左右，指标流转收入 200 亿元。项目区人均增加 3 亩地左右，农民可获得流转底金、股份分红、林下经济、项目区务工等多项收入，人均增收 2 万元左右。同时，通过占补平衡指标流转增加县级财力，用于基础设施建设、重大项目、民生保障等。通过整治开发提高森林覆盖率 5.3%，生态效益明显。另外，农民离地不失地，农民变股民，从低效的土地生产中解放出来。

三　探索创新金融扶贫机制

一是建立"县金融服务中心 + 乡镇金融工作部 + 村金融工作室"三级金融服务机构，形成覆盖全县 13 个乡镇 209 个行政村的金融服务网络。

二是创建农业保险"联办共保"和扶贫贷款"风险共

担"两个机制，支持农民发展致富产业。与市人保财险公司合作建立联办共保机制，对阜平主要种养产品实现农业保险全覆盖，对每个产品实现灾害险、产品质量安全险和成本损失险三个险种的全覆盖。

三是拓宽融资渠道支持县域发展。与石家庄股权交易所进行战略合作，引导中小企业到资本市场融资，目前已有春利牧业、亿林枣业、阜彩蔬菜等企业在石交所挂牌上市。与政策性银行合作，争取对产业发展和基础设施建设的支持，与农发行签订了128亿元合作信贷协议，与国开行合作争取到了8000万贷款用于县城棚改项目，与保定银行合作贷款5亿元用于山区综合开发项目。与品牌公司合作，创建支持企业发展基金平台，与河北省信息产业投资有限公司达成合作意向，正在筹划建立2亿元的商业担保公司，为县内企业提供融资担保；与深圳市创新投资集团有限公司达成合作意向，拟合作建立2亿元的创业投资基金，为中小企业创业提供资金支持。与国投创益产业基金管理有限公司达成6300万元的股权投资协议。

四是优化金融生态环境。坚持激励和惩戒相结合，营造良好的信用环境。建立农村诚信体系，通过"边采集、边办理"的方式采集农户信息，建立农户电子信用信息档案。建立守信激励和失信惩戒机制。采取多种措施促使农户诚信经营，树立"信用也是财产"的社会共识，严厉打击骗保、骗贷及恶意违约行为，提升社会信用管理水平，优化金融生态环境。

四 探索美丽乡村建设推进机制

阜平县 209 个行政村，1208 个自然村，人口居住分散、村庄规模小、基础设施和公共服务覆盖难，且相当一部分村庄居住生活条件恶劣。阜平以实现"城乡基础设施一体化、社会公共服务均等化"为目标，坚持改造提升与搬迁整合统筹推进、住房建设与基础设施配套统筹推进、风貌提升与功能完善统筹推进、村庄建设与产业发展统筹推进、外部环境建设与内在机制建设统筹推进，积极探索美丽乡村建设推进机制。

一是科学规划村庄布点体系。阜平规划确定了 1（中心城区）+6（中心镇区）+43（中心村）+40（基层村）+32（特色保留村）的城乡体系。从建设方式上分为就地城镇化、迁并整合、改造提升三个类型。

二是利用城乡建设用地增减挂钩政策推进村庄搬迁整合。通过迁并整合节余的建设用地指标流转收益，解决资金支撑问题。全县农村目前共有集体建设用地 6.3 万亩，村庄搬迁整合完成后，除自用 3.47 万亩外，可节余建设用地 2.83 万亩。复垦后可用于流转土地指标 2 万亩左右，流转收益按每亩 70 万元计算，总收益达 140 亿元，统筹国家扶贫搬迁等各类政策性资金，即可满足全县域美丽乡村建设的资金需要。按照以 3~4 层住宅楼为主，路、水、电、暖、讯、学校、卫生室、垃圾及污水处理等设施全面配套的规划要求，高标准建设新社区，同时制定安置补偿政策和后续保障政策，确保农民"搬得出、稳得住、能致富"。

三是实施村庄改造提升。对有文化价值、有特色、适合旅游、不宜迁并的村庄进行改造提升。聘请有美丽乡村规划设计经验的单位进行规划设计,以建设太行最美乡村为目标,在完善基础设施和公共服务设施配套的基础上,提升建筑风貌。县制定出台了系列支持政策,公建和基础设施建设由县财政负担,农户按新建28000元、维修9000元,另外,以每平方米240~540元的标准享受建房补贴。室内装修按每平方米600元补贴,补贴总面积不超过100平方米。

四是完善村庄内在治理机制。探索建立以村党支部为核心,以村代会、村委会、村监会为决策执行监督机构,以精准扶贫工作室、金融扶贫工作室、电商服务中心、两个代办工作室、便民服务中心为服务机构,以合作社、红白理事会、"五老一小"、致富带头人为辅助的新型农村治理体系,提升村庄管理和服务水平。引导村民制定村规民约,进行自我管理。开展道德教育和致富技能培训,提高村民道德素养和致富能力,打造村美人也美的新农村。

五 建立社会兜底保障机制

一是按照精准扶贫兜底保障一批的要求,将河北省下拨阜平县的低保、五保、大病救助、紧急救助等资金,统筹建立兜底保障基金,对困难群众进行兜底保障,使保障标准与贫困线合一,不足部分县财政补贴。

二是探索建立县、乡、村三级养老服务机制。阜平县建立与社会化养老相结合的养老康健中心，政府出资建设，完善相关服务设施，聘请专业团队进行日常管理，一方面对鳏寡孤独进行集中供养，另一方面面向社会发展托老产业。乡镇建立搬迁式养老服务中心，对村民年龄偏大，平时无子女照顾，缺乏生产能力，紧急情况无法处理的空巢村进行集中搬迁。由政府统一建设搬迁式养老服务中心，完善相关配套设施。村民搬迁后的原有住房、土地、山场等依法进行流转，交由企业统一经营管理，收益用于老人平时生活所需，彻底解决空巢老人生活问题。村建设互助幸福院，集中供养孤寡老人，相互照料，形成县、乡、村健全完备的养老服务体系。

自党的十八大以来，阜平坚持把脱贫攻坚作为最大政治任务，推动向纵深发展，随着一项项惠民措施的落实，全县脱贫攻坚工作取得阶段性进展。据阜平县政府工作报告，2018年阜平全县地区生产总值完成45.69亿元，增速7%；固定资产投资完成55.6亿元，增速15.7%；全部财政收入完成5.54亿元，增速7.8%；一般公共预算收入完成3.63亿元，增速13.9%；全社会消费品零售总额完成24.2亿元，增速11.1%；城镇居民人均可支配收入完成18001元，增速12%；农村居民人均可支配收入完成8516元，增速15%。2018年全年共有53个贫困村脱贫出列，1.34万贫困人口脱贫退出，贫困发生率下降到6.93%。

第二章

骆驼湾村的基本情况

骆驼湾村是太行山深处的一个贫困的小山村，因其处于古代隘口要道，曾经一度辉煌，但最终还是融入了当地的贫困环境。本章首先对骆驼湾村的历史进行了描述，在古代史和近代史中骆驼湾村因其所处的区位在历史变迁中起到了举足轻重的作用。其次，对骆驼湾村的村情村貌以及贫困的特点进行了详细描述，骆驼湾村的贫困是整体性的贫困，"九山半水半分田"的自然条件是致贫的首要因素，这致使骆驼湾村土地贫瘠、基础设施差、交通相对闭塞、劳动力缺乏，尽管此前也有一些扶贫措施，给钱给物式的扶贫短时间内能维持贫困人口的基本生活需求，但形成不了扶贫的长效机制，更不能激发骆驼湾村脱贫的内生动力。

第二章 —— 骆驼湾村的基本情况 —

第一节 骆驼湾村历史

骆驼湾村是一个平均海拔 1510 米、共 576 口人的小村落，地处河北省阜平县西部龙泉关古镇，毗邻五台山，在古代是东接燕赵、西连三晋、聚合山水之灵气、兼得塞外遗韵和中原风骨的小村落，是清朝康熙五次西朝五台、雍正一次瞻礼、乾隆六拜圣地、嘉庆一次进香的古御道必经的小村庄。骆驼湾村是古代出冀入晋的交通要道，人们取道顾家台、骆驼湾、瓦窑木桥等村庄，翻两省分水岭，抵山西东路沟，由此入晋。

一 骆驼湾村古代史

骆驼湾村在阜平县西，太行山深处，是龙泉关镇下设的行政村。骆驼湾村位于龙泉关镇西南部，距龙泉关镇约 5.4 公里，北临龙泉关村，西部毗邻山西五台山，明洪武年间因卫河码头、商道成村。关于骆驼湾村名称的由来还有一段传说。康熙年间，康熙微服私访路过阜平去五台山，在此大山涧中走不出去了，最后骑着该村的骆驼走出了五台山，故称该村为骆驼湾村。[①]

在古代，骆驼湾村村民均是来自龙泉关的驻兵，或是龙泉关商道做生意的商人，因此龙泉关的盛衰决定了骆驼

---

① 骆驼湾村名字由来有很多说法，文中的说法是根据多位村民的讲述以及骆驼湾村历史上的地位而选摘。

湾村村民生活的变迁。龙泉关是明长城一处重要关隘，是太行山中段的出口，扼守晋冀通道，位于阜平县西部深山区，与佛教圣地五台山相邻，是京、津、保、石去五台山的必经之路。徐霞客在 1633 年去五台山经过此地时，在日记中写道："……登长城绝顶，回望远峰，极高者亦伏足下，两旁近峰拥护，惟南来一线有山隙，彻目百里。岭之上，巍楼雄峙，即龙泉上关也。"①

历史上龙泉关是香火要道，也是兵家必争之地、冀晋咽喉要道。隋唐之际，随着五台山的兴起和繁荣，龙泉关就是一条繁盛的香火要道，龙泉关镇即为当时僧众信徒朝拜五台山香火古道上最为重要的贸易古镇。辽宋时期，龙泉关成为防御关外少数民族入侵的隘口，杨六郎曾在此与北国交战。明清时期，这里成了封建王朝闭关锁国的见证。明永乐年间龙泉关设为上、下两关，两关相距 20 华里，龙泉关上关（即龙泉关镇）建于明永乐年间，嘉靖年间改筑关城。关城呈南北向，总长 1000 余米，关城城墙原周长 2.5 千米，呈方形。清顺治十一年，设驻守参将，康熙三十二年设游击，乾隆十八年设守备。

龙泉关尽管战略位置重要，被历代王朝所重视，但由于山地居多、土壤贫瘠、日照时间短等原因，当地农业经济在历史上一直不景气，迁居来的农民一开始大多是经商或是成为长城龙泉关隘的建筑工人，但随着商道的衰落和关隘驻军的离去，当地经济又呈现萧条的景象。明代江西

① 朱惠荣校注：《徐霞客游记校注》，中华书局，2017，第 89 页。

庐山五乳峰僧人德清在赴五台山时路过龙泉关,写下了一首五言律诗:"策杖烟霞外,重关虎豹林。路当崎曲险,山入寒垣深。惨淡黄云色,萧条落日阴。边笳如怨客,呜呜岭头吟。"[①] 从这诗中我们不仅能领略到龙泉关隘的雄伟之势,更能感受到一片荒凉的风光。

二 骆驼湾村近代史

在近代中国抗日历史上,骆驼湾村是晋察冀边区敌后抗日根据地龙泉关地区的组成部分,而晋察冀边区是中国共产党和八路军创建的第一个敌后抗日根据地。1937年7月,卢沟桥事变爆发后,八路军第115师挺进华北抗日前线,在平型关大捷后,115师主力南下晋西南,而由政委聂荣臻率领的115师1部及军政干部共3000余人则留驻此处,着手创建敌后抗日根据地。

抗战时期,当地经常闹饥荒,人们常常在春天把房前坡后的杨柳、桃李的树叶子在嫩的时候捋下来,或在秋天霜打之前把山药、萝卜的叶子掐下来,洗净之后,满满地压进水缸,用清水沤起来。食用时用刀细细切来,拌上少得可怜的玉米面、豆面或炒面,或蒸或煮,权且充饥。1942年晋察冀边区面对日寇最疯狂的"扫荡",迎来最困难的时期,粮食匮乏,军民生活陷入困境,树叶就成了最主要的口粮。

在战争年代血与火的考验中,聂荣臻与这里的人民群

精准扶贫精准脱贫百村调研·骆驼湾村卷

① 憨山德清:《憨山大师全集——梦游集》,中华书局,2015,第94页。

众结下了最深厚的感情，使他难以忘怀。他后来在一次干部会上用深沉的语调说："的确，阜平是穷，好多百姓吃树叶度日。阜平那种穷的印象，使我对阜平人民产生了一种强烈的同情心，常常想着如何去改善他们的生活，减轻他们的负担。"① 以至于聂荣臻元帅在弥留之际，曾留下这样的嘱托："阜平不富，永不瞑目。"②

每每提到聂荣臻元帅，当地老百姓都有说不完的故事，在骆驼湾附近的大胡卜村还留有聂荣臻旧居，这里的一些村的名字如"藏粮沟"等还时刻提醒着人们那个缺粮抗战的时代。

新中国成立后，骆驼湾村所处的龙泉关镇由于地处深山，与外界联系困难，在发展上遇到了很大困难，成为贫困地区。

目前的龙泉关镇辖龙泉关、黑崖沟、西刘庄、北刘庄、印钞石、黑林沟、顾家台、青羊沟、八里庄、平石头、大胡卜、骆驼湾 12 个行政村，54 个自然村，土地总面积 150 平方公里，常住人口 8600 余人，耕地 10900 亩，山场近 20 万亩，森林覆盖率达 64% 左右，是一个以农业生产为主的乡镇。主要农作物为玉米、土豆，畜牧养殖以牛、羊、猪、鸡为主。

2012 年 12 月 30 日，习近平总书记到骆驼湾村访贫问苦，在此吹响了全国精准扶贫的号角，从此骆驼湾村也拉开了脱贫攻坚的序幕。

---

① 聂荣臻：《聂荣臻回忆录》，解放军出版社，1983，第 123 页。
② 王宇、范世辉、任丽颖：《决战贫困的勇猛冲锋——革命老区脱贫攻坚的"阜平探索"》，新华网，http://www.xinhuanet.com//politics/2017-10/09/c_1121772566.htm。

第二节　村域状况

目前的骆驼湾村设行政村，全村辖骆驼湾、瓦窑、辽道背、木桥、菜树塔、朱行塔、杨树塔、青石塘沟和藏粮沟等 9 个自然村，共 277 户 576 人，常住 123 户 260 人，主要居住在骆驼湾和瓦窑两个自然村，木桥村和辽道背村分别有一户人家居住，负责护林防火。其他 5 个自然村的村民已经易地搬迁到其他村庄，但户籍还保留在村里。村"两委"班子共 6 人，其中村支部 3 人，村委会 3 人；党员 52 名，村民代表 11 人。

一　地貌和气候

骆驼湾村（本报告中下文指行政村）地貌以山地为主，山体坡度大，林地所占比例大，森林层次明晰。村庄耕地面积小，主要是沿村庄周围及村庄主要道路两侧分布。村庄是典型的山区村庄，村庄建设规模较小。

骆驼湾村在地质构造上属于华北古陆太行山中段东部，地层分布多为古老岩系，其岩层主要为麻岩、变粒岩、角闪片岩等。村域地形复杂，地势由西南向东北降低，沟壑纵横，境内山峦绵亘，村南的几座山峰成为"辽道背"，海拔近 1900 米，南边有驼梁，东边为天生桥瀑布群，西边 60 多公里外是山西五台山。

山：山峰众多，尤以"辽道背"最为有名，生态保护完好，有上万亩天然林。水：村域内自北向南有多条山涧溪流，水资源较为丰富，水质绝佳。林：骆驼湾村植被主要由针叶林、针阔混交林、落叶阔叶林、灌丛和灌草丛等森林植被组成，包括落叶松、槐树、杨树等。尤其是南部山区植被良好，整体覆盖率达到39.2%，村域内有2000多种植被。田：村里种植最多的农作物是土豆和玉米。药材：道北山上药材丰富，药材种类达几百种，有名贵中药猪苓、黄芩等。

骆驼湾村海拔800~2286米，属于暖温带半湿润半干旱大陆性季风气候，春季干燥多风，夏季炎热多雨，秋季天高气爽，冬季寒冷少雪，四季分明，年平均气温12.6℃。年均降雨量625毫米，年均蒸发量2267毫米，相当于年均降雨量3.4倍，就全境而言，降雨集中且变率大，6~9月降雨量占全年降雨量的82.9%，而3~5月占全年降雨量的9%，无霜期140~190天，地方小气候特征明显。村域内自北向南有多条山间溪流，水资源较为丰富，水质优良。

二 土地利用及建筑

全村总面积3.4万亩（2267万平方米），其中耕地面积990亩（水浇地450亩、旱地540亩），林地面积2.2万亩，荒山1.1万亩，森林覆盖率64.7%，耕地仅占该村总面积的2.9%。2015年村庄耕地流转出650亩，其中种植高山苹果和优质核桃300亩、樱桃50亩，山地林下种植药材 300 亩，新建设施栽培 185 亩，闲散地及粮食作物占地 90 亩左右。

村域用地包括村庄建设用地、水域和其他用地。其中村庄建设用地 14.97 万平方米，占村域总用地的 0.66%；农林用地 2205.32 万平方米，占总用地面积的 97.29%（见表 2-1）。

表 2-1　2015 年骆驼湾村域用地汇总

单位：万平方米，%

类别名称		面积	占总用地比例
总用地		2266.67	100.00
村庄建设用地		14.97	0.66
水域和其他用地		2251.70	99.34
其中	水域	46.38	2.05
	农林用地	2205.32	97.29

资料来源：精准扶贫精准脱贫百村调研骆驼湾村调研。

说明：本书统计表格，除特殊标注，均来自骆驼湾村调研。

在建设用地方面，骆驼湾村 2014 年建设用地规模为 6.41 万平方米，测算人均建设用地面积为 288.74 平方米，远远超过相关规程对村庄建设用地规模控制的要求，且农宅建筑均为院落式布局，单个院落占地面积 180~340 平方米，村庄住宅用地总面积共 3.53 万平方米，占建设用地比例的 55%。

在住宅建筑方面，骆驼湾村 2014 年有民宅房屋 123 处。一类建筑，即质量较好类，共计 11 处，该类建筑年代在 1990 年以后，为砖混结构，建筑质量较好；二类建筑，即质量一般类，共计 70 处，该类建筑多为砖木或土石结构的瓦房，建筑年代多为 20 世纪三四十年代，其中部分建筑在近几年经过修缮；三类建筑，即质量较差类，共计 42 处，该类建筑年限多在 50 年以上。

三 人口及经济

2012 年骆驼湾全村 245 户 573 人，贫困户 189 户 447 人，占全村人口的 78%。全村高中（含高中）以上文化程度 54 人，只占 9.4%，初中（含初中）以下文化程度的有 519 人，占 90.6%，其中文盲 30 人，占 5.2%。60 岁以上老人 124 人；劳动力 259 人，其中外出务工 140 人，本地务工 30 人，本村务农 89 人。村域经济以种植玉米和土豆为主，收入来源主要靠外出打工。

经过五年的脱贫攻坚，到 2017 年底全村 277 户 576 人，劳动力 210 人，7 岁以下儿童 22 人，贫困户 5 户 8 人，低保 16 人，五保 4 人。人均收入 4600 元，收入来源有种植、养殖、打工等。在脱贫的分类中，产业扶持 57 户 163 人，易地搬迁 2 户 4 人，医疗救助 15 户 37 人，教育脱贫 1 户 1 人，社会保障兜底 83 户 136 人。

2011~2017 年人均纯收入分别为 950 元、1045 元、2680 元、2800 元、3026 元、3200 元和 4600 元。

骆驼湾村在这几年来以乡村旅游加林果种植为发展主调，提高土地使用效益，实现农户持续稳定增收。截至 2017 年底，骆驼湾村成立了 4 家农民合作社、1 户专业大户、10 家农家乐、2 个小卖部。4 家农民合作社分别是

第二章
——
骆驼湾村的基本情况
——

爱农药材专业合作社、满山果苹果专业合作社、木桥肉羊饲养专业合作社和阜平县瓦窑虹鳟鱼饲养专业合作社，此外阜平县的阜裕公司和嘉鑫公司在骆驼湾村也有种植基地。

第三节　贫困状况及特点

一　整体贫困状况

2012 年的骆驼湾村，属于全国连片特困区，是老区、山区、贫困地区"三区合一"的地区，这里有的是我国北方山区最贫瘠的"九山半水半分田"的自然条件，除了面积狭小的水浇地之外，剩下的大多是用石头块垒在山梁上的"薄田"。这里道路狭窄崎岖，村里共有 573 口人，其中 447 人为贫困人口，村民的主要经济收入是种植业和外出打工，人均年收入不足千元。

当地曾流传这样一句顺口溜：人均一亩地，种点小玉米；喝点糊糊粥，盼望吃大米。村里种植最多的农作物是土豆和玉米，一年仅收一季，夏天收土豆，秋天收玉米。此外，村民平时养些猪和鸡。到了冬天，只能靠劈柴火取暖。村民收入主要依靠外出打工，部分村民农闲时会上山挖些药材补贴家用，每家的年收入普遍两三千元，人均年

图 2-1　骆驼湾村村内遗留的一栋五六十年代的土房

（王月金拍摄，2018 年 10 月）

纯收入只有 900 多元。

　　骆驼湾村人口居住极为分散，基础设施及公共服务设施滞后。全村人口分布在 9 个自然村，最远的自然村距离中心村 7 公里山路，最小的自然村只有 4 户 8 人。只有骆驼湾自然村的对外交通道路条件较好，其他 8 个自然村对外交通道路条件较差，车辆不能到达，主要依靠步行，需要数小时才能到达龙泉关镇，村内的街坊路均为土石路。饮用水为山泉、村庄雨水，生活用水的排放为自然排放，农户使用旱厕，且没有污水处理设施，村内缺乏文化体育设施，村民基本没有文化休闲活动。

全村没有小学和幼儿园,儿童主要在龙泉关镇小学就读,学前教育严重滞后。全村无养老设施,孤寡老人缺乏有效的照料。村民整体文化素质较低,思想观念保守,非农劳动技能缺乏,自我发展能力弱,外出务工人员从事行业层次较低。

村内大部分建筑建于五六十年代,由于年代久远,质量较差,少量建筑位于山洪影响区内,具有安全隐患。

二 致贫的环境因素

骆驼湾村的贫困是很多中国山区贫困的一个缩影,非农业产业落后、农业生产条件差、交通不便利、劳动人口流失等导致村民只能吃饱肚子勉强维生。具体来看,骆驼湾村的致贫原因如下。

(1)土地贫瘠。"山高沟深龙泉关,乱石滩里挣钱难。"这是当地村民形象地描述这里是怎样贫穷的。骆驼湾村所处位置地势险峻,环境恶劣,山高沟深,植被稀少,平整连片土地较少,耕地资源不足,村域内的农业种植一直以土豆和玉米为主,而且作物粗放性种植,玉米和土豆主要为人畜使用,经济收入微乎其微。

(2)基础设施差。骆驼湾村位于太行山深处,由于属于山地,农业生产靠天吃饭,农业生产水利配套不足。村民的生活基础设施更是落后于时代,农村安全饮水问题突出,农村用水多为地下水和山泉水,用水条件难以保障。电力设施滞后,边缘的自然村内没有通电,电力不足,经常停电。通信信号不强，移动通信信号没有达到全覆盖，边远的自然村没有信号。教育卫生等公共服务设施滞后，村内没有学校，卫生室的设施落后，难以满足村民的卫生保健基础需求。

（3）交通相对闭塞。骆驼湾村虽然是出冀入晋的古道上的交通要道，但村内通向外界的道路崎岖不平，通村的公路未硬化，这种闭塞造成了骆驼湾村和外界沟通交流不畅。

（4）劳动力缺乏，村庄呈现空心化。青壮年都外出打工，留在村内的村民大多是老弱病残。劳动力结构不合理，文化程度整体偏低，高学历人才缺乏，初中以下文化程度的人占大部分，老弱病残等无劳动能力的人比重大，患大病重病的老年人多，人口老龄化严重导致骆驼湾村的劳动力总体比例较低。另外，一些农户中的青壮年到相对发达的城市务工为家庭提供支持，但由于外出务工的村民受教育程度低和缺少职业晋升的技能，大部分徘徊在城市贫困群体中，依靠外出务工收入回馈家庭很难行得通。

总体而言，骆驼湾村独特的自然环境导致村民贫困，广袤的深山环境造成交通不便、信息不灵，与外界沟通交流不畅，同时由于受到地理环境和村民思想意识的制约，骆驼湾村的畜牧、蔬菜、水果等农产品没有加工厂，农产品附加值基本没有。尽管现在以科学为基础的生产技术已经投入农业并大量应用，但骆驼湾村农业生产仍然处于从传统农业向现代农业转型的过渡期，坡地限制导致大部分农民仍沿用传统农业生产工具和耕作方法，这严重限制了农业生产率的提高。而且，骆驼湾村地处偏远山区，整个村落太分散，分布在山、梁、沟、坡之上，扶贫开发项目和资金也很难走进来，给钱给物式扶贫，短时期内能维持贫困人口的基本生活需求，但形成不了脱贫的长效机制，因此骆驼湾村一直难以达到理想的脱贫效果，成为阜平的顽贫之地。

三 村民致贫的自我因素

2015 年，骆驼湾村通过评估小组评估、"五老一小"会议讨论、村民代表大会民主评议，经驻村工作组和村委会核实，认定 142 户 316 人（后经过精准识别为 111 户 237 人）为贫困户。其贫困原因如表 2-2 所示，骆驼湾村村民贫困主要是因病、缺资金、缺劳力、缺技术、自身发展不足，大部分贫困户由两个因素致贫：由疾病单个因素导致贫困的贫困户有 17 户，占 11.97%，由疾病和其他因素如缺资金、缺技术和缺劳力两个因素致贫的有 39 户，占 27.46%；由缺技术单个因素致贫的有 8 户，占 5.63%，由缺技术和其他因素共同致贫的有 17 户，占 11.97%；由缺资金单个因素致贫的有 23 户，占 16.19%，由缺资金和其他因素共同致贫的有 51 户，占 35.91%；由缺劳力单个因素致贫的有 18 户，占 12.67%，由缺劳力和其他因素共同致贫的有 37 户，占 26.05%。由此可见，疾病、缺资金和缺劳力是骆驼湾村农户致贫的主要原因。

表 2-2 2015 年骆驼湾村致贫原因占比

单位：户，%

项目	户数	占比
因病	17	11.97
缺技术	8	5.63
缺资金	23	16.19
缺劳力	18	12.67
自身发展不足	4	2.81
因病、缺技术	3	2.11
因病、缺劳力	11	7.74
因病、缺资金	25	17.60
缺技术、缺资金	7	4.92
缺劳力、缺资金	19	13.38
缺劳力、缺技术	7	4.92
总计	142	100

　　从致贫原因来看，建档立卡贫困农户的致贫原因包括生病、残疾、缺资金、缺技术和缺劳力等原因。从表 2-3 中可以看出，其中因病、因缺乏劳动力和因自身发展能力不足致贫的占 82.92%，致贫的原因比较集中，其中因病致贫的占 21.95%、因缺乏劳动力致贫的占 39.02%、因自身发展能力不足致贫的占 21.95%，其他致贫的原因为残疾、缺技术、缺资金，分别占 2.44%、7.32%、7.32%。该调查数据和骆驼湾村建档立卡档案所显示的情况有所出入，调查数据显示致贫主要原因是缺劳力，其次是生病和自身发展能力不足，而 2015 年建档立卡档案统计致贫原因排在第一位的是缺资金，第二位是生病，第三是缺劳力。原因在于，骆驼湾村外出打工的青壮年比较多，留守的基本是老弱病残无劳动能力的农户，调查问卷所访谈的住户主要

是留守的老人，因此调查结果统计致贫原因时会发现缺劳
力成为主要原因。

表2-3　2016年骆驼湾村民致贫原因情况

单位：%

致贫原因	占比
生病	21.95
残疾	2.44
缺技术	7.32
缺劳力	39.02
缺资金	7.32
自身发展能力不足	21.95

第三章

骆驼湾村脱贫历程

骆驼湾村属于贫困山区的顽贫之地，村民也进行过脱贫努力，但由于区位条件的限制没有取得良好的效果。2012年底习近平总书记访问骆驼湾村给该村带来了脱贫的历史性机遇，骆驼湾村被纳入国家重点扶贫村，各种援建和扶贫项目开始启动。在此后的几年里，骆驼湾村经历了整村推进全面扶贫、开发扶贫和精准扶贫、巩固脱贫和奔向小康等阶段，骆驼湾村的基础设施建设全面提升、产业发展寻找到方向、各项社保和民生服务都走向正轨，骆驼湾村实事求是、因地制宜的脱贫历程使其最终走出了贫困的历史怪圈，最终实现了村民吃穿不愁，义务教育、基本医疗、住房安全都有保障的脱贫目标。

第一节　总书记带来脱贫机遇

一　骆驼湾村贫穷延续性

骆驼湾村的贫穷具有历史延续性，由于受到区域性条件的制约，中国历史上历次经济的繁荣都没有波及骆驼湾村。改革开放后我国农村完成了经营体制改革，家庭联产承包责任制成为主流，这从体制上解放了农村的生产力，大大调动了农民脱贫的积极性，农村经济获得了飞速发展，许多地区的农村经济开始走向了市场经济，但太行山深处的骆驼湾村依然贫困。

2012年底总书记到访的农户唐荣斌家，房顶上的四五百斤玉米是全家全部的存粮，他们舍不得吃，一天两餐饭桌上只有红薯和土豆，三间低矮的石屋是唐荣斌结婚时盖的喜房，儿孙都有了但盖不起新房。这户的经济状况在村里极为普遍。

脱贫是骆驼湾村的梦想，当地村民从来没有放弃过脱贫的努力，1990年唐荣斌响应县政府发展畜牧养殖的号召，利用养殖扶贫专项贴息贷款，贷款6000元，并拿出全部积蓄，向亲戚借了1万元，购买了20多头阜平县畜牧局专门从内蒙古引进的一种肉牛。唐荣斌盘算，"三年后出栏，每头赚2000元就能有3万元的本，到时再买30头，家庭年收入就能过万了"。结果内蒙古的肉牛不服当地水土，多半病死，唐荣斌也因此成为背上沉重债务的贫困户。骆驼湾村很多农户做过类似的投资，但都因为资金和技术跟不上而失败。

区位性条件的限制使骆驼湾村持续贫困，这里的农民摆脱贫困的唯一办法是外出打工，而随着外出打工人群的扩大，当地农业生产又面临劳动力缺乏的困境，留下来的村民大多是孤老病残，50 岁算是留守村里的年轻人，他们难以克服恶劣的自然环境从而促进农业发展，而当地农业经济的萧条又导致更多的年轻人外出打工，这种循环带来的后果就是该村愈发贫困。当地村民的共识是，"若不尽快脱贫，年轻人都走光，再过几年，骆驼湾也会像其他村子一样，慢慢自然消亡了"。像骆驼湾村的贫困情况在阜平极为普遍，2013 年之前的三年中骆驼湾村没有任何扶贫资金和项目。如果没有精准扶贫，这个村可能就会慢慢消失。

二 骆驼湾村迎来脱贫机遇

2012 年 12 月骆驼湾村终于迎来了脱贫的机遇，习近平总书记访问骆驼湾村后，各种捐助纷至沓来，据当时负责登记收受钱物的村干部统计，仅一周时间，村委会就累计收到捐款近 20 万元，另有大量的米、面、油、毛毯、羽绒服、棉被等生活用品，以及笔、本、图书等学习用品，2013 年每位村民摊到 700 元善款。还有些农户直接收到捐款，唐荣斌家客人一直没断，一年获捐 4500 多元。而且各种考察投资的来访者接踵而至，包括各级政府部门工作人员、部队领导、社会组织、企业领导、开发商、农林专家、文艺演出队、志愿者、热心人士等。

随之而来的是各种援建项目。骆驼湾村村口早前的乱石滩于2013年变成了一座公园,这是省委办公厅协调了150万元资金完成的。这只是骆驼湾一年里变化的一部分。据河北省委办公厅骆驼湾驻村工作队《工作总结》记载,骆驼湾村在2013年共打了4眼机井,花了240万元建了4个塘坝,斥资400多万元修了近16公里的进山公路。这份材料记载的十几个项目,共计花费1632万元,但这份总结并未标注是否为骆驼湾村全部项目。同年,驻河北的38集团军战士在村子里铺出一条柏油路,之后还在路边陆续立起了多个靠太阳能发电的路灯。民政部资助骆驼湾村建小学校舍。骆驼湾村从此走上了脱贫之路。

习近平总书记来骆驼湾村慰问之后,来村里进行投资调研的人如雨后春笋般快速又大规模地冒出来,想来投资考察项目的,基本上处于流水线作业模式:早上开车来到骆驼湾,溜达一圈儿之后,晚上就驾车离开,最长的驻留时间不超过两天。来的各地牌照的车数不胜数,但没有哪支队伍愿意踏实停留些时日,仔细琢磨骆驼湾村的资源、地形、风貌以及发展潜力等,他们最终选择离开,投资调研多成走马观花,专业人士没耐心也没时间真正了解本地实情。

第二节 补足开发扶贫的欠账

一 骆驼湾村纳入国家重点扶贫村

骆驼湾村的贫困是由区位造成的,这种贫困在一些老少边区普遍存在,资源贫乏、交通通信不便、基础设施简陋、教育医疗条件差是这些地区的共性,社会资本很少参与进来帮助当地经济发展。为了使这些地区摆脱贫困,解决群众的温饱问题,中共中央、国务院在1984年发布了《关于帮助贫困地区尽快改变面貌的通知》,1994年国家出台"八七"扶贫攻坚计划,2001年出台《中国农村扶贫开发纲要(2001~2010年)》,2011年出台《中国农村扶贫开发纲要(2011~2020年)》,已形成了完整系统的扶贫开发政策体系。[①] 开发扶贫的重点是将资源投入贫困地区,建设贫困地区基础设施,降低贫困地区进入市场的门槛,对贫困地区进行产业扶持,提高贫困地区的生产能力和适应市场的能力,增加农民的收入,快速减少农村贫困人口。

历次国家扶贫攻坚中,阜平都被列入重点扶贫对象,但由于阜平处于太行山深处,整个县都是贫困山区,扶贫资金僧多粥少,难以满足每个村的脱贫需求。阜平发展经济的自然条件差,当地闭塞的环境也导致思想解放程度和

[①] 吴国宝等:《中国减贫与发展(1978~2018)》,社会科学文献出版社,2018,第20页。

对外开放程度都比较低，扶贫项目也很难落地，当地扶贫产业很难发展起来。

2012 年 12 月 29~30 日，习近平总书记到阜平考察扶贫开发工作，对贫困地区全面建成小康社会作出重要指示，"推进扶贫开发、推动经济社会发展，首先要有一个好思路、好路子。要坚持从实际出发，因地制宜，厘清思路、完善规划、找准突破口。要做到宜农则农、宜林则林、宜牧则牧，宜开发生态旅游，则搞生态旅游，真正把自身比较优势发挥好，使贫困地区发展扎实建立在自身有利条件的基础之上"。① 此后几年中，政府和有关各界年均提供的扶贫资金达 3 亿多元，该数字是阜平县过去 20 年扶贫资金总和的 1.5 倍。

2013 年国务院扶贫办会同 17 个国家部委办局，成立"燕山—太行山片区阜平试点"协调小组，负责协调推进阜平县扶贫攻坚工作。同年 7 月，国家旅游局还正式授牌阜平县为国家旅游扶贫试验区。交通部、财政部、农业部、国家林业局、国家气象局、国家文物局等部门，也在政策和资金上给予了支持，仅 2013 年一年，阜平县获得的专项资金就高达 12.61 亿元，是当地年财政收入（2.38 亿元）的数倍。

同年，国务院扶贫办拟将阜平 164 个村列入国家扶贫规划，享受国家扶贫政策，同时申请将阜平定为全国特困片区县综合改革试点县和新阶段国家扶贫开发工作重点

---

　　　① 习近平：《做焦裕禄式的县委书记》，中央文献出版社，2015，第 17 页。

县，"实行特区扶贫政策，特事特办"。随后，河北省成立"阜平扶贫攻坚领导小组"，省委副书记赵勇任组长，保定市委书记、阜平县委书记亲自抓骆驼湾村未来五年的发展规划，骆驼湾村被纳入国家重点扶贫村。

二 实施整村推进式扶贫

骆驼湾刚开始实施的扶贫是整村推进扶贫，改善村内的基础设施和公共服务，全方位消除导致骆驼湾村致贫的因素，使骆驼湾村全面彻底摆脱贫困。对此，2013年3月1日，河北省委办公厅派工作组三人进驻骆驼湾村扶贫。组长是省委办公厅副巡视员、副厅级干部张玉奇，他同时担任村党支部第一书记。张玉奇和他的工作组进村之初，就协调省扶贫办争取了120万元支持骆驼湾，还把省委办公厅挤出来的办公经费50万元也投入村里建设。在驻村工作组的帮扶下，骆驼湾村生产生活用水工程、电力升级改造工程、道路改造工程、危房改造和移民搬迁工程，以及发展种植业、发展养殖业、发展旅游业、改善公共服务设施等工作全面展开。

基础设施和公共服务方面，2013~2014年，骆驼湾村重点围绕水、电、路、讯、房、科、教、文、卫、保等基础设施建设，确立完成了19项任务，总投资达1700多万元。主要建设内容有：安装太阳能路灯36盏，建设垃圾处理点3个，设置垃圾箱10个，对村委会院落进行升级改造，完成53户危房改造，新建骆驼湾和仙山公园两座，美化、净化、亮化了村庄环境，为发展乡村旅游打下了基础；新建幸福院1座，新建幼儿园、小学1座，新建标准化卫生室1个，打深水井3眼，建设蓄水池、塘坝4座，新建道路6条共20多公里，完成250kWA电力升级改造。

产业发展方面，2013~2014年，骆驼湾村基础设施建设与产业发展并举，新建养殖基地2个，羊存栏1200多只，牛存栏68头，新建中草药种植基地1个；为实现集体经济收入零突破，对接天津泰达公司整体开发骆驼湾项目，成立了骆驼湾村实体公司，利用骆驼湾村现有特色资源进行产品开发，为即将到来的骆驼湾旅游大开发做好准备；建立了骆驼湾村电子商务服务平台，聘请骆驼湾村在外工作的IT从业人员，建立集村情资讯、旅游推介、产品交易、旅游服务等于一体的骆驼湾信息服务网站；成立了骆驼湾村苹果种植合作社，在骆驼湾的吉岭沟、瓦窑的宽滩两地，建设百亩苹果种植基地，投入扶贫资金进行支持。

民生服务方面，投入资金30万元，重新修复了1000米主街道；投资20万元，全面硬化了村内小街小巷，龙河公路至瓦窑旅游公路全长5.5公里建成；针对村民生产生活用水问题，投资13万元，对受损管道进行了修复，重新铺设饮水管道1500米，同时针对村内饮水管网存在的设计不合理问题，铺设新管道、改造旧管道500多米，彻底解决了村民饮水供应不足、冬季喝水难的问题；骆驼湾小学、幼儿园建成后，协调教育部门，配齐教学设施，建设冬季取暖设施，配备教师，于 2014 年秋季开学；开展村民体检、义诊活动，2014 年 8 月 12 日，省医院体检中心派出医技人员 21 名，出动了大型体检车和专业体检设备，到骆驼湾村为村民义诊并免费进行了全面体检，150 名村民受益。

低保方面，由于骆驼湾贫困人口多，争取低保指标 193 个。

第三节　精准扶贫新阶段

2013 年 11 月习近平总书记到湖南湘西考察时首次做出了"实事求是、因地制宜、分类指导、精准扶贫"的重要指示。此后，中国扶贫事业进入精准扶贫的新阶段。精准扶贫是指通过相应的制度安排和政策支持，将扶贫资源通过一定的方式准确地传递给符合条件的目标人群，帮助他们通过一定的合适的形式改善自己的条件和提高自己的能力进而摆脱贫困的一种全过程精准的特殊的目标瞄准扶贫方式。[1]

2013 年底中共中央办公厅、国务院办公厅印发《关于创新机制扎实推进农村扶贫开发工作的意见》，提出以建立精

---

[1]　李培林、魏后凯、吴国宝：《中国扶贫开发报告（2017）》，社会科学文献出版社，2017，第 3 页。

准扶贫工作机制为核心的六项机制创新和十项重点工作。围绕该文件，相关部门出台了《关于改进贫困县党政领导班子和领导干部经济社会发展实绩考核工作的意见》《关于印发〈建立精准扶贫工作机制实施方案〉的通知》《关于印发〈扶贫开发建档立卡工作方案〉的通知》等配套政策文件。在此背景下，骆驼湾村从整村推进式扶贫进入精准扶贫的新阶段。

一 建档立卡精准帮扶

骆驼湾村从 2014 年开始对贫困户的建档立卡工作，针对不同类别的贫困家庭和贫困对象，采取"一户一策"的具体帮扶措施，通过建档立卡工作对贫困户进行精准识别，找到致贫的原因和脱贫意愿，进行分类指导，分别从思路、政策、机制、责任、效果等几个方面精准施策，采取领导挂点、单位包村、干部结对、社会参与等方式将责任落到实处，从精准上下功夫，真正做到"精确识别、精准分类、精准施策、精准帮扶、精准管理"。

在精准识别上，推行了"一主四辅、三类五步"工作法，即：在识别标准上采用人均可支配收入为主，住房、教育、医疗、社保为辅的"一主四辅"法，按百分制对每项设立不同权重的分值和详细的评分标准以及评分方法；在精准分类上，将识别对象分为贫困户、基本脱贫户、非贫困户"三个类别"；在识别程序上，分信息采集、综合评估、逐级审核、民主评议、公开公示"五个步骤"；在精准帮扶上，建立了"县级领导包乡镇、包村、包户"制度，县里有驻村工作组对村里扶贫进行帮扶；在扶贫机构上，建立了乡镇扶贫办公室和村精准扶贫工作室；在帮扶内容上，重点是做好群众收入、住房、教育、医疗、社保五个方面的工作；在精准管理上，骆驼湾村配备了3名信息管理员，专门负责贫困户日常信息的收集、整理、登记和录入工作，保证建档立卡信息管理系统及时更新，即根据帮扶情况，一年一评估一更新，实施动态精准管理。

（1）建档立卡：通过召开两委干部会、村民代表会、五老一小会各类会议，按照"五看、五不录、六优先"制度和"一主、四辅、五步、三类"识别法进行信息采集、综合评估、逐级审核、民主评议、公开公示五个步骤，按贫困户、基本脱贫户和非贫困户三类建立农户档案和村级档案，做到资料完整、翔实具体、真实准确。按要求将户、村档案录入《阜平县扶贫攻坚工作信息管理系统》。

2014年骆驼湾村完成了扶贫开发建档立卡工作，工作组配合村里开展入户调查和信息填报工作，确认并录入信息库的贫困户共240户452人，享受低保148人，五保8人。2015年骆驼湾村根据省建档立卡"回头看"要求，借鉴贵州经验，根据阜平县"一主四辅、三类五步"工作法，重新精准识别，共识别贫困户158户339人（包括建档立卡贫困户142户316人和已脱贫户中的低保户16户23人）。

（2）精准评估：高标准完成精准扶贫评估工作，保证评估结果公正、公平。根据评估结果，调整完善下一步工作思路和帮扶措施。根据全县产业发展规划和片区布局，结合骆驼湾村产业基础，科学制定村产业发展规划，根据农户实情和发展意愿，结合村产业制订农户帮扶计划。

（3）精准帮扶：对所有贫困户按"四个一批"精准分类（产业发展一批、教育扶持一批、社会保障兜底一批、移民搬迁一批），实施精准帮扶。突出五个重点：一是产业发展，二是美丽乡村建设（村庄搬迁整合、村庄改造提升、危房改造），三是基层组织建设，四是公共服务提升，五是社会救助帮扶。2016年按照"六个一批"进行帮扶（产业扶持一批57户163人，易地搬迁一批2户4人，医疗救助一批15户37人，教育脱贫一批1户1人，社会保障兜底一批83户136人）。

二 干部驻村帮扶

在精准扶贫政策实施的过程中，驻村工作队全程参与，2013年以来，河北省委办公厅、阜平县司法局、省住建厅、省农业厅、省发改委等先后分别派出工作组对骆驼湾村施行驻村帮扶。保定市委市政府主要领导多次来到这里调研扶贫攻坚工作，协调资金，给予政策支持，选派优秀年轻干部到阜平县挂职，在基础设施、产业推进、精准扶贫等方面做了大量扎实有效的工作。

（1）联系项目发展产业。驻村工作组充分利用各方面关系，联系了多个企业到村实地考察对接。引进科技光伏树2棵，吸引社会赞助建立村集体产业，带动全村百姓发展适合骆驼湾村的富民支柱产业；与衡水中铁技术学校对接，并签订合作协议；组织开展了第一届骆驼湾村旅游

图3-1　由骆驼湾村驻村工作组协调资金购买的光伏树栽植在公路的一侧

（新华社，2018年5月）

文化节，激发大家积极创业的内生动力；在做好现有食用菌和林果产业的基础上，引进光伏创业，着力发展旅游产业，让老百姓有了盼头和奔头。

（2）帮助建设美丽乡村新家园。自2015年阜平县美丽乡村建设政策出台以来，骆驼湾村驻村工作组和村"两委"班子多次召开会议，积极宣传上级美丽乡村建设文件精神，逐户逐人做通百姓思想工作，全力解决百姓后顾之忧。在驻村工作组和村"两委"的努力下，骆驼湾村被确定为美丽乡村建设重点村。到2017年底，骆驼湾村以交通、水利为主的基础设施建设已基本完成，建成了通往382国道的公路、通往山西木桥山的公路和村后道路、去往辽道背的旅游公路。建成了大戏台、幸福院、村委会、文化广场、村边花园、公共卫生间、垃圾处理点等公共设施。排水管网已铺设入户，污水集中处理池已施工完毕。解决了全体村民的安全饮水和安全用电问题。新建塘坝6

图 3-2　由中国乡建院统一规划建设后的骆驼湾村村落新貌

（新华社，2017 年 7 月）

座，实现 500 亩土地旱变水。

民居改造由中国乡建院统一规划，按照本地传统民居特色，结合户主意愿逐户设计施工。截至 2017 年底全村已有 225 户民居进行了改造，其中骆驼湾 103 户、瓦窑 122 户。全村共有 21 户易地搬迁，其中 14 户集中安置，7 户货币补偿。

（3）帮助发展壮大集体经济。骆驼湾村驻村工作组和村"两委"班子结合骆驼湾村自身条件和现状，充分发挥优势，吸引社会赞助 50 万元成立了阜平县第一家村集体实业公司——阜平县骆驼湾实业发展有限公司，发展壮大集体经济，示范带动民俗旅游，把壮大村级集体经济作为发展的重点任务，增强"造血"功能，从而建立健全稳定脱贫长效机制，力争把骆驼湾村打造成攻坚脱贫教育基地和生态旅游样板村，提高贫困群众组织化程度，培育带动贫困人口脱贫的经济实体。

通过五年的扶贫攻坚工作，截至 2018 年，骆驼湾村有林果种植 650 亩、食用菌产业基地 200 亩、民宿旅游 10 家、光伏树 2 棵、村集体实业公司 1 家，村民主要经济收入来源是打工、土地流转、入股分红和种养殖业收入，产业覆盖率达 100%。2014 年建档立卡贫困户 158 户 339 人，到 2017 年底，基本实现了脱贫目标，剩余贫困户 5 户 8 人，均属于无劳动能力和社会兜底人员。五保户 5 户 5 人，低保户 13 户 18 人。

第四节 脱贫巩固和小康并步走

一 精准识别退出贫困村

2013 年以来，骆驼湾村在各级政府和驻村工作组的帮扶下，经过几年的努力，通过产业帮扶和金融帮扶，贫困状况得到了明显改善，2017 年底经过省级验收，骆驼湾村已经退出贫困村。

骆驼湾村在脱贫过程中实行了精准退出政策，严格按照"两不愁、三保障"[①]（不愁吃、不愁穿，义务教育、

---

① 《中国农村扶贫开发纲要（2011~2020 年）》要求，到 2020 年我国扶贫开发针对扶贫对象的总体目标是："稳定实现扶贫对象不愁吃、不愁穿，保障其义务教育、基本医疗和住房"，简称"两不愁、三保障"。

基本医疗、住房安全有保障）和国家现行农村扶贫标准（2010年不变价2300元，按年递增）进行退出认定。

在退出过程中，对退出的贫困户、贫困村，原来享受的国家、省和县扶贫政策在脱贫攻坚期内保持不变，以巩固脱贫成果，确保退出稳定和持续发展。贫困户退出以该户年人均纯收入稳定超过国家扶贫标准（2015年农民年人均纯收入3026元、2016年3200元、2017年3295元），吃穿不愁，义务教育、基本医疗、住房安全有保障为衡量标准。贫困村退出以综合贫困发生率低于2%为主要衡量指标，统筹考虑村内基础设施、基本公共服务、产业发展、集体经济收入等综合因素。2017年底，骆驼湾村基础设施、基本服务等综合指标得分为90.5分，贫困发生率为1.39%。

2018年底，骆驼湾村对以往的贫困户和脱贫情况又进行了精准识别，对数据进行了修正，从表3-1可以看出，骆驼湾村的未脱贫户数越来越少，经过精准识别和帮助脱贫后，骆驼湾村实现了整村脱贫。

表3-1　骆驼湾村建档立卡贫困户识别情况

单位：户，人

年份	未脱贫		已脱贫	
	户数	人数	户数	人数
2013	119	257	—	—
2014	116	254	3	7
2015	111	237	8	18
2016	25	39	105	233
2017	5	8	121	258

二 落实全面实现小康措施

脱贫后的骆驼湾村把实现小康作为目标，为帮助巩固扶贫成果并实现小康目标，2018年河北省委、省政府按照"资源共享、优势互补"的原则再次派工作组进驻骆驼湾村进行帮扶，帮扶时间变为3年，帮扶单位由省农业厅和省发改委两个单位共同组成，争取用3年的时间实现全面小康。

为实现稳定脱贫，骆驼湾村计划2018年实现所有贫困户稳定脱贫，2019~2020年对脱贫成效进行巩固提升。一是到2018年底，剩余贫困人口3户4人实现脱贫，由于剩余贫困人口均属无劳动能力，按照其自身条件全部纳入相应供养保障范围；二是住房、教育、医疗"三保障"问题得到全面有效解决；三是到2019年底，全村产业覆盖率达到100%，主导产业形成一定规模，带动脱贫人口持续增收能力进一步增强。

为加快奔小康的步伐，骆驼湾村在奔小康路上进行了总体规划。一是着力打造以旅游为主的龙头产业，规划发展骆驼湾民俗旅游区、藏粮沟自然村落旅游区和辽道背自然风景旅游区。二是着力打造高山地区的林果品牌，实现品牌效应，对产地进行无公害认证。三是进一步延伸食用菌深加工产业链条和品牌，提高产品附加值。四是谋划家庭式手工艺加工企业，生产诸如编织、绣花、鞋垫等具有浓厚山区特色的产品。五是发展中草药种植产业，利用现有的中草药资源，依托中草药合作

图 3-3　骆驼湾村脱贫奔小康宣传

社，发展林下中草药种植。六是在驻村工作组的帮助下大力发展阜平县骆驼湾实业发展有限公司，壮大村集体经济，预计 2019 年底实现村级集体经济年收入达到 20 万元以上。七是发展特色种养殖，主要是野玫瑰的种植和冷水鱼养殖。八是在驻村工作组的帮助下建成拥有 30~50 棵的光伏树群，目前已建好光伏树两棵，年收益 2 万元。

案例 3-1　贫困户唐宗秀基本情况及发展变化

唐宗秀，女，72 岁，患轻度心脏病；家庭共 2 口人，老伴 73 岁，身体健康，家住骆驼湾自然村，四个女儿均已出嫁。习总书记慰问前，主要靠农业和村内务工维持生活。房屋为3间50平方米的土坯房，年久失修，无厨卫暖等配套设施，取暖主要靠烧炕。

2013年总书记考察之后，唐宗秀家情况得到明显改善。

在收入方面，唐宗秀家的4.97亩土地（其中水地3.19亩、旱地1.78亩）全部流转给了村委会，承包给阜平富裕山区综合开发有限公司来经营，除每年获得固定土地流转费5939元外，待2018年该公司栽植苹果成熟获得收益后还可享受5:5的利润分红；2016年享受扶贫资金入股合作社分红303.27元。2013年修建瓦窑公路得到补偿款48000元（占地1.2亩，每亩40000元）。老伴在博嘉农业开发有限公司做大门看护工作，每年收入10000元。在社会帮扶（慰问救助）方面，2013年县民政局送白面一袋、棉被一件、大衣一件、油一桶。2013年山东泰安慰问老党员，送慰问金2000元。2013年省委办公厅赠送300元及米、面各一袋。2013年团省委赠送300元。2014年吉林省爱心人士赠送平板电视一台。在住房方面，依托中国乡建院，旧房屋参与美丽乡村建设改造提升，面积92.95平方米，总投资12万元，政府补贴7.8万元，自筹4.2万元，水电暖厨卫等配套设施一应俱全。在保障方面，老两口分别享受低保金175元/月，养老金80元/月。唐宗秀2017年一家年收入可达20726.6元，已于2016年脱贫，正迈向小康中。

案例 3-2 韩守忠家基本情况

韩守忠家住在骆驼湾村，共 4 口人（韩守忠，郑秀花，韩城立，范璐瑶），女儿嫁到外地。韩守忠，55 岁；妻子，49 岁；儿子韩城立；儿媳范璐瑶。总书记慰问前，全家仅靠儿子打工生活，住房为 4 间房，冬季靠烧火取暖，条件很差。

2013 年总书记考察之后，韩守忠家的情况得到了大幅改观。在收入方面，韩守忠家的 16.15 亩土地（其中水地 10.2 亩、旱地 5.95 亩）全部流转给了村委会，承包给龙头企业来经营，除每年获得固定土地流转费 19266 元外，待 2018 年龙头企业栽植苹果成熟获得收益后还可享受 5:5 的利润分红；2016 年享受扶贫资金入股合作社分红 303.27 元。韩守忠的儿子 27 岁，在阜平县天生桥工作，年收入 30000 元。住房已通过美丽乡村建设进行房屋改造，韩守忠本人与妻子开设农家乐和超市，2017 年底家庭年收入为 39886.72 元，"两不愁、三保障"目标已全部实现，已于 2016 年脱贫。

第四章

骆驼湾村脱贫成效

骆驼湾村属于整体贫困村，在获取样本的过程中没法保证非贫困户和贫困户各占一半的要求，获取样本时主要是随机获取。骆驼湾村在 2017 年底实现了全部脱贫，而住户的抽样问卷主要是在 2017 年 5 月进行，这时的一部分村民已经脱贫，但他们在回答问卷时，一些回答是基于 2016 年的情况。由于骆驼湾村从 2016 年到 2018 年发生了巨大变化，从国家重点贫困村变成了脱贫村，2017 年是变化最大的一年，该调查数据也基本可以反映出脱贫成效如何。本章以调查数据为基础，对骆驼湾村的脱贫结果进行分析，主要从人均收入、"两不愁、三保障"、脱贫认可度、脱贫政策落实等方面进行全面的解读。

第一节 脱贫结果分析

课题组对骆驼湾村的抽样问卷调查如表 4-1 所示，所调查的 53 户家庭共 167 人，男性 77 人，女性 90 人。从年龄上看，60 岁及以上有 51 人，40~60 岁有 45 人，20~40 岁有 41 人，20 岁以下有 30 人，人口老龄化趋势明显。从婚姻状况来看，111 人已婚，38 人未婚，3 人离异，15 人丧偶。从文化程度上看，文盲 42 人，小学 54 人，初中 38 人，高中 18 人，中专 12 人，大专及以上 3 人，文化程度总体偏低。从社会身份上看，普通农民占大多数，村民代表 6 人，教师医生 2 人，村干部和离退休干部职工各 1 人。从当前健康状况来看，健康的有 97 人，长期慢性病的有 40 人，患有大病的有 5 人，残疾的有 5 人，健康状况不容乐观。2016 年 39 人参加了体检，没有体检的占大多数，为 128 人。

表 4-1 骆驼湾村访谈农户家庭成员基本情况

单位：人

性别		劳动、自理能力	
男	77	普通全劳动力	79
女	90	部分丧失劳动力	32
年龄		无劳动能力但能自理	28
60 岁及以上	51	无自理能力	5
40~60 岁	45	不适用	23
20~40 岁	41	务工状况	

20 岁以下	30	乡镇内务工	20
婚姻		乡镇外县城务工	5
已婚	111	县外省内务工	5
未婚	38	省外务工	19
离异	3	其他	108
丧偶	15	**务工时间**	
文化程度		3 个月以下	10
文盲	42	3~6 个月	6
小学	54	6~12 个月	38
初中	38	无	112
高中	18	**在家时间**	
中专	12	3 个月以下	33
大专及以上	3	3~6 个月	4
社会身份		6~12 个月	125
村干部	1	**务工收入带回家**	
离退休干部职工	1	带回家	34
教师医生	2	不带回家	106
村民代表	6	**在校生状况**	
普通农民	138	学前教育	7
其他	21	小学	7
当前健康状况		初中	3
健康	97	高中	2
长期慢性病	40	大专及以上	1
患有大病	5	**新农合及养老保险**	
残疾	5	参加新农合	153
2016 年参加体检情况		未参加新农合	14
参加体检	39	有养老保险	162
未参加体检	128	没有养老保险	5

在劳动、自理能力方面，普通全劳动力的有 79 人，部分丧失劳动力的有 32 人，无劳动能力但能自理的有 28 人，无自理能力的有 5 人，学生等不参加劳动的有 23 人，可见劳动力缺乏的很大一部分原因是很多人没有劳动能力。从务工状况来看，骆驼湾村在乡镇内务工的有 20 人，乡镇外县城务工的有 5 人，县外省内务工的有 5 人，省外务工的有 19 人，其他（包括在家务农、学生、军人等情况）的有 108 人。从务工时间和在家时间看，大部分村民至少有半年在家，外出务工半年至一年的有 38 人。大部分外出务工的人员收入不带回家，带回家的有 34 人，不带回家的有 106 人。在校生情况为，学前教育和小学各 7 人，初中 3 人，高中 2 人，大专及以上 1 人，人才后备力量不足。参加新农合的有 153 人，没有参加的有 14 人，有养老保险的有 162 人，没有养老保险的有 5 人，可见政府兜底的扶贫保障几乎全覆盖。

一　贫困发生率降低

贫困发生率也称贫困人口比重指数，是指农村低于贫困线的人口数占农业人口的比重，它反映的是地区贫困发生的广度。据国家统计局统计，2017 年对全国 31 个省（自治区、直辖市）16 万户居民家庭进行的抽样调查，按现行国家农村贫困标准测算（每人每年 2300 元），2017 年末贫困发生率为 3.1%。

自习近平总书记来骆驼湾村调研后，在中央和地方各级政府支持和社会团体参与下，通过五年扶贫攻坚工作，骆驼湾村于 2017 年实现了整体脱贫，如表 4-2 所示，从 2014 年的贫困发生率 80.28% 降低到 2017 年的 1.21%，短短四年时间贫困人口从 452 人降至 7 人。这 7 人中，从贫困属性来看，低保贫困户 3 户 6 人，五保贫困户 1 户 1 人。从年龄结构看，16 周岁以下的 1 人（男 1 人）；16 岁至 59 岁的 3 人（男 1 人，女 2 人）；60 岁及以上的 3 人（男 2 人，女 1 人）。从致贫原因来看，因病致贫 2 户；因残致贫 1 户；缺劳力 1 户。从劳动能力来看，贫困户 4 户 7 人均无劳动能力。

从表 4-2 可以看出，贫困发生率的降低主要发生在 2016 年，通过 2013 年至 2015 年的努力，制约骆驼湾村富民产业发展的瓶颈得到了突破，农民增收渠道多元且收入显著提高，以住房为核心的村民生活条件明显改善，因学、因病致贫的问题得到了解决，到 2017 年富民产业规模快速扩大，社会事业全面进步，教育、医疗、社会保障水平进一步提升，村民人均可支配收入达到 4600 元左右，贫困人口人均可支配收入达到 4000 元以上，实现了整村脱贫。

表 4-2　骆驼湾村贫困发生率情况

年份	总人口数（人）	贫困户数（户）	贫困人口（人）	贫困发生率（%）
2014	563	128	452	80.28
2015	544	158	339	62.31
2016	580	16	33	5.68
2017	576	4	7	1.21

资料来源：2018 年骆驼湾村调整后的数据。

二 生活满意度提高

生活满意度是农民依照自己选择的标准对个人生活状况的综合判断，是对目前一段时间内的生活的一个概括性评估，它影响到农民自身的情绪体验，是一种有效的衡量农民福祉的标准。问卷要求被调查的农民对自己现在的生活满意度进行选择，选择最小值是"满意"或"好很多"，最大值是"很不满意"或"差很多"，从表4-3中可以看出，骆驼湾村村民对生活的满意度和昨天的幸福感高度近似，均值低于2.5大于2，说明总体上比较满意、幸福，与五年前相比的均值为1.9，这说明骆驼湾村村民明显感觉比五年前生活要好一些，但五年后的均值为3.25，这说明很大一部分人对未来生活变好寄予的希望不大，与本村多数人相比均值超过2.5，说明大部分人感觉和周围人差不多。对周围居住环境的满意度大部分人感觉一般。

表4-3　骆驼湾村村民对生活评价状况

分组	样本量（户）	均值	标准差	最小值	最大值
对现在生活的满意度	53	2.4	0.86	1	5
对昨天的幸福感如何	53	2.26	0.86	1	5
五年前相比你家生活变化	53	1.9	0.95	1	5
五年后你家生活会怎么样	53	3.25	1.96	1	6
与本村多数人相比你家怎样	53	3.44	0.8	1	5
对周围的居住环境满意吗	53	3.25	0.81	1	5

具体来说，从骆驼湾村农户对现在生活状况满意度来看，53 户中 29 户比较满意，非常满意的只有 5 户，一般和不太满意的分别为 11 户和 8 户，总体来说满意的约占 64%，感觉一般的约占 21%，不满意的约占 15%。从对居住环境的满意度测量，也能从一定程度上反映出村民的生活状况，从表 4-4 可以看出骆驼湾村的村民对居住环境满意度是比较高的，非常满意的户数为 13 户，非常满意和比较满意的户数为 35 户，占 66%，不满意的 6 户，占 11.3%，很不满意的有 2 户。具体来说，53 户中有 3 户感觉有空气污染，程度轻微；2 户感觉有噪声污染，程度轻微；1 户感觉有土壤污染，程度没多大影响，对水污染和垃圾污染都感觉不存在。

表 4-4　骆驼湾村农户生活状况和居住环境满意度

单位：户

项目	样本量	非常满意	比较满意	一般	不太满意	很不满意
对现在生活状况满意度	53	5	29	11	8	—
对你家周围的居住环境满意度	53	13	22	7	4	2

幸福感是农民主观产生的欣喜和愉悦的情绪，这种情绪来源于自身安全感和满足感，由于对幸福感的测量有测量过去、现在和未来期望三种，这里选取了被调查者对昨天幸福的感觉，要求农民对自己昨天的幸福感程度进行打分。从表 4-5 可以看出，53 户中 27 户感觉比较幸福，8户感觉非常幸福，14 户感觉一般，3 户感觉不太幸福，1户感觉很不幸福。总体而言感觉幸福的占 66%，感觉一般

的占 26.4%，感觉不幸福的占 7.5%。由昨天的幸福感程度
我们可以看出，其基本和农户对现在生活状况满意度相符
合，感觉生活满意、幸福的占一半以上，不满意、不幸福
和非常幸福、非常满意都占少数。

表 4-5　骆驼湾村农户幸福感情况

单位：户

项目	样本量	非常幸福	比较幸福	一般	不太幸福	很不幸福
昨天的幸福感程度	53	8	27	14	3	1

　　农户的生活水平也可以通过与前几年或与周围人的
对比来反映，这里选取了与 5 年前相比及 5 年后期望的
生活变化情况、与亲朋好友及本村多数人相比生活情况
进行了统计，如表 4-6 所示，从与 5 年前相比，农户对
生活变化的感觉来看，53 户中 20 户感觉"好很多"，
22 户感觉"好一些"，感觉"差不多"的有 9 户，感觉
"差很多"的只有 2 户，感觉现在好的占 79.2%，感觉差
的只占 3.8%，这说明经过五年脱贫攻坚，骆驼湾村农户
生活改善了，大部分农户感觉现在的生活好了。在对 5
年后生活的期待方面，13 户感觉会"好很多"，9 户感
觉"好一些"，感觉生活会变好的占 41.5%，13 户感觉
"差不多"，占 24.5%，16 户感觉"不好说"，占 30%，
感觉"差一些"和"差很多"的各有 1 户，各占 1.9%，
这说明农户对未来生活变化还比较迷茫，相信变好的有
22 户，不到一半，大部分农户感觉"差不多"和"不
好说"。

表 4-6　骆驼湾村农户生活状况

单位：户

项目	样本量	好很多	好一些	差不多	差一些	差很多	不好说
与 5 年前比，你家的生活变得怎样	53	20	22	9	—	2	—
你觉得 5 年后，你家的生活会怎样	53	13	9	13	1	1	16
与多数亲朋好友比，你家过得怎样	53	—	4	28	15	6	—
与本村多数人比，你家过得怎样	53	—	7	30	11	5	—

在横向对比中，感觉比多数亲朋好友要过得好的有 4 户，28 户感觉"差不多"，其他 15 户感觉"差一些"，6 户感觉"差很多"。感觉比本村多数人过得好的有 7 户，感觉"差不多"的有 30 户，感觉"差一些"的有 11 户，"差很多"的有 5 户。总体上看，农户大多数在与多数亲朋好友和本村多数人对比的情况下选择了"差不多"，选择"差很多"的主要是家中有重病大病患者。

第二节　人均纯收入核实情况

一　村民收入增加

骆驼湾村人均纯收入持续增加，从表 4-7 可以看出，骆驼湾村在 2011 年人均纯收入 950 元，这远低于 2300 元的贫困线标准，经过短短六年脱贫攻坚，到 2017 年骆驼湾村的人均纯收入为 4600 元，是 2012 年 1045 元的 4.4 倍，尤其是 2013 年收入 2680 元，同比增长 156.45%。2012 年12 月习近平总书记到访骆驼湾村之后，各地的捐款纷至沓来，2013 年全村被划入国家重点贫困村，政府对每个村民的各种拨款救济也多了起来，因此该年该村实现了收入的大幅增长，突破了贫困线 2300 元的标准。2013 年后两三年，社会各界捐款的热度降低，但捐建项目开始发力，菌类种植、苹果种植等各种产业项目相继建成，而且 2016年骆驼湾村进入了美丽乡村规划建设，各种用工比较多，土地流转、用工收入等成为这几年的主要收入来源，村民的收入也实现了逐步增长，效果明显的是，2017 年实现了人均纯收入 4600 元，同比增长 43.75%。

表 4-7　骆驼湾村常住人口人均纯收入情况

单位：元，%

年份	人均纯收入	同比增长
2011	950	—
2012	1045	10
2013	2680	156.45
2014	2800	4.47
2015	3026	8.07
2016	3200	5.75
2017	4600	43.75

二　村民收入情况

在调查村民家庭收入时，有些农户不愿意回答收入具体情况，有些农户子女在外打工，打工钱也不给父母，父母无从知道具体收入是多少，也有些农户没有给出家庭总体收入情况但就个别项目给出了收入数额，因此表4-8的数据不能完全反映2016年骆驼湾村收入的具体情况，但从回答问卷的情况，我们也可以大概了解村民收入状况。

根据抽样问卷，如表4-8所示，共有33份问卷回答了2016年村民收入的情况，33户中收入最低为2183元、最高为112640元，平均为20307.73元，收入存在巨大差距，收入在1万元以内的有15户，1万元以上的有17户，收入排前三的分别是112640元、72588元和61980元，25户收入低于平均值。

从收入结构上来看，工资性收入、财产性收入各有26户回答了问卷，这也是他们主要的收入来源，低保金收入的有39户，养老、退休金收入的有32户。可以看出所调查的56户中大部分有低保金或养老、退休金收入，但养老、退休金收入所占家庭收入的比重比较低，如果以低保金和养老、退休金收入各1200元、家庭收入20000元来算，低保、退休金收入共占12%，各占6%，村民的主要收入来源是工资性收入和财产性收入。

表4-8　2016年骆驼湾村收入结构

单位：户，元

项目	户数	均值	最低值	最高值
家庭纯收入	33	20307.73	2183	112640
工资性收入	26	21038.46	3000	80000
农业经营收入	6	3686.27	3000	100000
非农业经营收入	9	6500	1800	15000
财产性收入	26	5064.15	500	40000
赡养性收入	7	1571.42	1000	2000
低保金收入	39	1200.12	720	6240
养老、退休金收入	32	1269.06	720	1920
礼金收入	2	—	6500	16000
补贴收入	11	8192.09	300	50000

具体来看，在工资性收入方面，26户中，最低为3000元，最高为80000元，平均值为21038.46元，其中4户低于1万元，9户高于1万元低于2万元，工资性收入前三分别是80000元、67200元、36000元。

在营业收入中，农业经营收入共有6户，最低为3000元，最高为100000元，均值为3686.27元，超过1万元的为4户，收入排名前三的分别为100000元、60000元、10000元。非农业经营收入共有9户，最低为1800元，最高为15000元，均值为6500元，6户低于均值，收入排名前三的分别为15000元、10000元、8000元。

在财产性收入中，共有26户，最低500元，最高40000元，均值为5064.15元，其中21户低于均值，收入排名前三的分别为40000元、12945元、11773元。

在转移支付收入中，赡养性收入共 7 户，最低值和最高值分别为 1000 元和 2000 元，分别有 3 户和 4 户。低保金收入的有 39 户，收入最低 720 元，最高 6240 元，有 17户 1920 元，9 户 3840 元，最高 6240 元 1 户，其次 4200元 3 户。养老、退休金收入共有 32 户，其中 17 户 960 元，11 户 1920 元，1 户 1000 元，1 户 730 元，2 户 720 元。补贴收入共 11 户，最低为 300 元，最高为 50000 元，8 户低于 1000 元，补贴收入排名前三分别为 50000 元、30000 元、7000 元。礼金收入共 2 户，分别是 6500 元、16000 元。

通过骆驼湾村 2016 年收入结构我们可以看出，收入严重两极分化，不管是家庭纯收入还是工资性收入、农业经营收入、财产性收入等都存在收入差距扩大的趋势。

三 村民支出情况

2016 年骆驼湾村农户家庭生活消费总支出情况如表4-9 所示，33 户中最低为 1500 元，最高为 81680 元，均值为 15950.3 元，22 户消费支出低于均值，16 户消费支出低于 10000 元，11 户消费支出高于均值，支出排名前三的为 81680 元、58200 元、38000 元。家庭生活消费总支出存在巨大差距，主要差距来自医疗支出，大病重病仍然是农户致贫的主要原因。

表 4-9　2016 年骆驼湾村农户支出情况

单位：户，元

项目	户数	均值	最低值	最高值
家庭生活消费总支出	33	15950.3	1500	81680
食品支出	52	7251.92	1000	36000
报销后的医疗支出	35	6526.28	120	70000
教育支出	12	6187.5	50	20000
养老保险费	19	736.31	100	4000
合作医疗保险费	25	459.2	70	1800
礼金支出	34	1716.17	100	6000

　　食品支出中，共 52 户，最低支出为 1000 元，最高为 36000 元，均值为 7251.92 元，17 户食品支出高于均值，排名前三的分别是 36000 元、30000 元、20000 元，15 户消费超过 10000 元（包括 10000 元）。

　　报销后的医疗支出中，共有 35 户，最低支出为 120 元，最高为 70000 元，均值为 6526.28 元，其中 9 户超过均值，排名前三的分别是 70000 元、30000 元、14000 元。

　　教育支出中，共有 12 户，最低支出 50 元，最高支出 20000 元，均值 6187.5 元，5 户高于均值，4 户低于 1000 元，排名前三的分别是 20000 元、18000 元、10000 元。

　　养老保险费中，共有 19 户，最低支出为 100 元，最高为 4000 元，排名前三的是 4000 元、3000 元、2400 元，均值为 736.31 元，15 户低于均值。

　　合作医疗保险费中，共 25 户，最低为 70 元，最高为 1800 元，均值为 459.2 元，11 户低于均值，排名前三的是 1800 元、880 元、800 元。

　　礼金支出中，共有 34 户，最低 100 元，最高 6000 元，均值为1716.17元,20户低于均值,排名前三的是6000元、5000元、3500元。

从骆驼湾村农户2016年的支出情况中我们可以看出消费支出不均衡,差距巨大,尤其是报销后的医疗支出,这也是许多农户贫困的主要原因。

四 村民收入满意度

农民收入满意度是农民对自己收入多少的主观评价,它是能更好地反映出农民对自身经济状况优劣的一种态度。从表4-10可以看出,52户中对2016年收入满意度较高的只有2户,26户感觉收入"一般",12户感觉"不太满意",12户感觉"很不满意"。对家庭收入满意度调查中,51户中4户"比较满意",24户感觉"一般",17户"不太满意",7户"很不满意"。从2016年收入满意度和家庭收入满意度来看,几乎一半的农户对收入感觉"一般",感觉"不太满意"和"很不满意"的仍占很大比例,几乎占一半,感觉"比较满意"只占极少数。这也许是由于骆驼湾村收入差距扩大,农户收入满意度低。

表4-10 2016年骆驼湾村农户收入满意度

单位:户

项目	户数	非常满意	比较满意	一般	不太满意	很不满意
收入满意度	52	—	2	26	12	12
家庭收入满意度	51	—	4	24	17	7

第三节 "两不愁、三保障"情况

国家确定"十三五"期间脱贫攻坚的目标是"两不愁、三保障":到 2020 年稳定实现农村贫困人口不愁吃、不愁穿,农村贫困人口义务教育、基本医疗、住房安全有保障。骆驼湾村 2017 年底实现了全村脱贫,解决了村民的"两不愁、三保障"问题,100% 的贫困户认同没有挨饿的情况发生,"不愁吃、不愁穿"已经实现。在义务教育上,建立了骆驼湾小学和龙泉镇小学,所有的适龄儿童都有学上,义务教育阶段没有辍学在家的学生,在基本医疗上全村 100% 的村民参加了新农合或者商业保险,而且村内已经建成一个卫生室方便村民日常小病的治疗,在住房安全上 100% 的村民有房住,而且根据中建院的规划大部分村民的房屋或重建或改造升级,农民都住上了宽敞明亮的房子。

一 住房拥有及房屋状况

由于问卷关注的是 2016 年时的村民生活状况,2016 年时,美丽乡村建设的房屋改造和建设刚刚开始,很多村民还没有感受到住房方面带来的变化,因此,本部分的内容可以基本上反映精准扶贫前的村民住房情况,也可以看到,在住房满意度方面,还存在着一些问题。如表 4-11 所示,52 户对当前住房状况的满意程度进行了回答,感觉"非常满意"的有 6 户，16 户感觉"比较满意"，感觉"一般"
的有 14 户，12 户感觉"不太满意"，4 户感觉"很不满
意"。从中可以看出，感觉"一般"及以下的有 30 户，多
于一半的住户对当前住房并不满意。在拥有几处住房的调
查中，53 户回答了问卷，6 户没有自住房，40 户各拥有 1
处自住房，6 户各拥有 2 处自住房，1 户拥有 3 处自住房。

表 4-11　2016 年骆驼湾村农户住房满意度

单位：户

项目	户数	非常满意	比较满意	一般	不太满意	很不满意
对当前住房状况的满意程度	52	6	16	14	12	4

在住房状况方面，如表 4-12 所示，有 52 户对住房来
源进行了回答，37 户是自住房，2 户租用，11 户借用或寄住，
其他的有 2 户。其中，2 租户的每月租金分别为 300 元和
500 元。有 33 户对是否与别人共用住房做了回答，25 户
独立用房，8 户与他人共用住房。

表 4-12　2016 年骆驼湾村住房状况

单位：户

项目	户数	项目	户数
住房来源		没有认定，但是危房	8
自住	37	总计	51
租用	2	住房建筑材料	
借用 / 寄住	11	竹草土坯	6
其他	2	砖瓦砖木	14
总计	52	砖混材料	26
住房状况		钢筋混凝土	2
一般或良好	37	其他	5
政府认定危房	6	总计	53

在住房状况中有 51 户回答了问卷，37 户感觉"一般或良好"，"政府认定危房"的有 6 户，"没有认定，但是危房"的有 8 户。在住房建筑材料上有 53 户回答了问卷，6 户是竹草土坯房，砖瓦砖木建筑的有 14 户，砖混材料的有 26 户，钢筋混凝土建筑的有 2 户，其他的有 5 户。51 户对住房类型进行了回答，49 户是平房，2 户是楼房。53 户对住房面积进行了回答，居住的建筑面积从 15 平方米到 240 平方米不等，其中 6 户超过了 100 平方米，排名前三的是 240 平方米、200 平方米、150 平方米。居住面积小于或等于 50 平方米的有 23 户。

二 生活用水及厕所污水处理状况

骆驼湾村的水资源比较充沛，在扶贫开发之前村民一直用的是山涧水，扶贫开发以来大部分用的是自来水，但也有个别的农户因为分散住在深山里，自来水管道没法铺设而仍然用山涧水。如表 4-13 所示，53 户回答了问卷，47 户用经过净化处理的自来水，用江河湖泊水的有 3 户，用其他水源的有 3 户。管道供水入户的有 47 户，没有管道设施的有 5 户，管道供水至公共取水点的有 1 户。单次取水往返时间超半小时的有 4 户，间断或定时供水的有 8 户，不存在饮水困难的有 41 户。

表 4-13　2016 年骆驼湾村村民生活用水供水情况

单位：户

项目	户数	项目	户数
主要饮用水源		没有管道设施	5
自来水	47	饮水困难情况	
江河湖泊水	3	单次取水往返超半小时	4
其他水源	3	间断或定时供水	8
管道供水		当年连续缺水 15 天	—
管道供水入户	47	无上述困难	41
管道供水至公共取水点	1		

　　骆驼湾村的厕所改造也是扶贫开发的主要项目之一，美丽乡村建设在 2016 年还没有实施，因此当时调查问卷统计的厕所都是传统的旱厕，2018 年再去调研时村内正在进行厕所改造升级。在厕所及生活垃圾污水处理方面，如表 4-14 所示，有 53 户回答了问卷，53 户均使用传统旱厕，生活垃圾 46 户定点堆放，7 户随意丢弃，在生活污水排放中，管道排放的有 6 户，院外沟渠排放的有 20 户，随意排放的有 27 户。随着美丽乡村的建成，2018 年底骆驼湾村的垃圾全部定点堆放，生活污水也都排到污水管道中。

表 4-14　2016 年骆驼湾村厕所及生活垃圾污水处理情况

单位：户

项目	户数	项目	户数
厕所类型		随意丢弃	7
传统旱厕	53	其他	—
卫生厕所	—	生活污水排放	
没有厕所	—	管道排放	6
其他	—	排到家里渗井	
生活垃圾处理		院外沟渠	20
送到垃圾池等	—	随意排放	27
定点堆放	46	其他	—

三 室内生活设施状况

在室内生活设施方面,如表 4-15 所示,53 户回答了问卷,在取暖设施上,有 23 户用传统的炉子取暖,17 户用炕,9 户用土暖气,1 户用电暖气,1 户没有取暖设施。在沐浴设施上,52 户没有沐浴设施,1 户用电热水器沐浴。在互联网宽带上,有 6 户已经联网,47 户没有网络。在入户路的类型上,34 户是泥土路,3 户是砂石路,16 户是水泥或柏油路。在主要的炊事用能源上,48 户用柴草做饭,用灌装液化石油气的有 3 户,用电的有 2 户。

表 4-15　2016 年骆驼湾村农户室内生活设施情况

单位:户

项目	户数	项目	户数
取暖设施		其他	—
无	1	互联网宽带	
炕	17	有	6
炉子	23	无	47
土暖气	9	入户路类型	
电暖气	1	泥土路	34
其他	2	砂石路	3
沐浴设施		水泥或柏油路	16
无	52	炊事用能源	
电热水器	1	柴草	48
太阳能	—	柴炭	—
空气能	—	灌装液化石油气	3
燃气	—	电	2

四 健康医疗状况

疾病是骆驼湾村贫困的重要原因之一,在调查问卷中，从表 4-16 可以看出，56 户共有 71 人有病，有 20 户家中各有 2 人有病，有 2 户家中各有 3 人有病，有 25 户家中各有 1 人有病。因为调研采集的数据主要是留守老人，所以所调查的农户中家中有病的占比比较高。在对 2016 年发病情况的回答中，有 40 人在当年发病治疗过，31 人不需要治疗。在对没有治疗的原因的回答中，28 人回答了问卷，有 8 人是因为经济困难、有 5 人是不重视、有 5 人回答小病不用医，选择其他选项的有 10 人。在回答 2016 年治疗情况中，选项可为多选，16 人选择没治疗，自行买药的有 38 人，门诊治疗的有 9 人，9 人住院，选择其他的有 1 人。通过问卷可以看出，很多农户得病不去治疗，如果去治疗也是自行买药，这说明了很多农户得的是慢性病，自己熟悉用药情况。

表 4-16 2016 年骆驼湾村村民健康与医疗情况

单位：人

项目	人数	项目	人数
患病严重程度		小病不用医	5
不严重	5	其他	10
一般	38	治疗情况	
严重	28	没治疗	16
发病情况		自行买药	38
发病治疗	40	门诊治疗	9
不需要治疗	31	住院	9
没治疗的原因		急救	—
经济困难	8	其他	1
不重视	5		

在 71 个生病的村民日常健康问题问卷中，如表 4-17 所示，行走方面存在问题的有 26 人，包括有点问题的有 11 人、

有些问题的有9人、有严重问题的有4人和不能行走的有2人。洗漱穿衣等存在问题的有15人，包括有点问题的有6人、有些问题的有7人、有严重问题的有1人、不能自理的有1人。日常活动有问题的有21人，包括有点问题的有7人、有些问题的有9人、有严重问题的有3人、不能活动的有2人。身体感觉疼痛或不适的有58人，包括有一点的有17人、有一些的有19人、挺严重的有20人、非常严重的有2人。感觉焦虑或压抑的有44人，包括有一点的有22人、有一些的有15人、挺严重的有6人、非常严重的有1人。从骆驼湾村村民日常健康问题调查中可以看出，村民的身体健康不容乐观，部分村民存在心理健康问题，尤其是有大病残疾的农民。

表4-17　2016年骆驼湾村村民日常健康问题

单位：人

问题	现在行走方面有问题吗	洗漱穿衣等有问题吗	日常活动有问题吗	问题	身体是否感觉疼痛或不适	是否感觉焦虑或压抑
没问题	45	56	50	没有	13	27
有点问题	11	6	7	有一点	17	22
有些问题	9	7	9	有一些	19	15
有严重问题	4	1	3	挺严重	20	6
不能	2	1	2	非常严重	2	1

第四节　脱贫认可度及影响因素分析

本节主要从精准扶贫过程中贫困户的选择、扶贫项目

的选择、扶贫效果等来考察非建档立卡户的满意度及建档
立卡户的满意度，此外也考察了建档立卡户中已经脱贫的
农户的满意度。

一　非建档立卡户的满意度

非建档立卡户对扶贫的满意度能从侧面反映出骆驼湾
村扶贫成果是否有效，因为本村都相互了解，对贫困户的
扶持效果更能观察到。

非建档立卡户的满意度从表 4-18 可以看出，2016 年
11 户非建档立卡户对本村贫困户选择是否合理的回答上，
有 4 户感觉比较合理，1 户感觉很合理，感觉一般的有 2 户，
感觉不太合理和很不合理的各有 1 户，感觉说不清的有 2
户。他们在政府为本村安排的各项扶贫项目的满意度上感
觉比较合理的有 3 户，一般的有 2 户，不太合理的有 3 户，
很不合理的有 1 户，说不清的有 2 户。

表 4-18　2016 年骆驼湾村 11 户非建档立卡户的满意度

单位：户

项目	很合理	比较合理	一般	不太合理	很不合理	说不清
本村贫困户选择是否合理	1	4	2	1	1	2
政府为本村安排的各项扶贫项目	—	3	2	3	1	2

在对本村扶贫效果的评价上，如表 4-19 所示，感觉
比较好的有 3 户，感觉一般的有 3 户，感觉不太好的有

2 户，感觉很不好的有 2 户，感觉说不清的有 1 户。由以上的数据可以看出，非建档立卡户的满意度并不是太高，不论是对本村贫困户的选择及政府为本村安排的各项扶贫项目，还是对本村扶贫效果的评价，都有一部分人感觉不合理或不好。

表 4-19　2016 年骆驼湾村 11 户非建档立卡户对扶贫效果的评价情况

单位：户

项目	很好	比较好	一般	不太好	很不好	说不清
本村扶贫效果评价	0	3	3	2	2	1

二　建档立卡户的满意度

建档立卡户对本村贫困户的选择普遍感觉比较合理，在为本村和本户安排的各项扶贫项目的满意度上感觉不合理的是少数，大部分表示说不清或感觉比较合理。具体如表 4-20 所示。

表 4-20　2016 年骆驼湾村建档立卡户的满意度

单位：户

项目	户数	非常合理	比较合理	一般	不太合理	很不合理	说不清
本村贫困户选择是否合理	40	1	23	3	2	5	6
为本村安排各项扶贫项目	42	—	19	4	3	4	12
为本户安排的扶贫措施	42	1	15	4	7	3	12

具体来说，在对 2016 年底建档立卡户的满意度调查中，对本村贫困户选择是否合理，40 户回答了问卷，有 1 户感觉非常合理，23 户感觉比较合理，3 户感觉一般，2 户感觉不太合理，5 户感觉很不合理，6 户感觉说不清。在为本村安排各项扶贫项目的问卷中，42 户回答了问卷，19 户感觉比较合理，12 户感觉说不清，4 户感觉一般，3 户感觉不太合理，4 户感觉很不合理，感觉比较合理的占比不到一半。在为本户安排的扶贫措施上，42 户回答了问卷，1 户感觉非常合理，15 户感觉比较合理，4 户感觉一般，7 户感觉不太合理，3 户感觉很不合理，12 户感觉说不清，感觉比较合理的和非常合理的占了不到一半。

　　在对扶贫效果评价上，如表 4-21 所示，对本户到目前为止的扶贫效果的评价上，42 户回答了问卷，1 户感觉非常好，12 户感觉比较好，11 户感觉一般，6 户感觉不太好，4 户感觉很不好，8 户感觉说不清，感觉比较好的和非常好的总共 13 户，所占比例比较小，这说明了扶贫效果还很难普遍得到被扶贫农户的认同。在对本村到目前为止的扶贫效果评价上，42 户回答了问卷，感觉比较好的有 16 户，7 户感觉一般，6 户感觉不太好，2 户感觉很不好，11 户感觉说不清。这和他们对本村安排的各项扶贫项目的评价基本相同。

表 4-21　2016 年骆驼湾村建档立卡户对扶贫效果的评价

单位：户

项目	户数	非常好	比较好	一般	不太好	很不好	说不清
本户到目前为止的扶贫效果	42	1	12	11	6	4	8
本村到目前为止的扶贫效果	42	0	16	7	6	2	11

三　建档立卡户脱贫的满意度

　　课题组对 2016 年底为建档立卡户的 42 户是否脱贫、脱贫程序是否合规进行了调查，其结果如表 4-22所示。结果显示，34 户 2014 年建档立卡，1 户 2015年建档立卡，2 户 2016 年建档立卡，5 户说不清楚。建档立卡的 1 户 2015 年脱贫，2016 年脱贫户达到 24户。在脱贫程序上，29 户回答了问卷，16 户认为认定脱贫时，乡村干部来家调查过，7 户回答没来过，6 户回答不知道。15 户认定脱贫时，签了字，2 户盖了章，5 户回答没有，7 户回答不知道。在认定脱贫时，8 户在回答脱贫名单有没有公示时选择了有，2 户选择了没有，19 户选择了不知道。

　　在对认定脱贫结果是否满意上，如表 4-23 所示，8户满意，4 户不满意，17 户选择了无所谓。在对认定脱贫程序是否满意上，10 户满意，4 户不满意，15 户选择了无所谓。

表 4-22 骆驼湾村 2016 年底为建档立卡户的脱贫情况

单位：户

项目	哪一年建档立卡贫困户	2017 年初是否已经脱贫	户数	哪一年脱贫的	户数	认定脱贫时，乡村干部有没有来家调查	户数	认定脱贫时，你家有没有签字盖章	户数	认定脱贫后，脱贫名单有没有公示	户数
2014 年	34	是	28	2014 年	0	来过	16	签了字	15	有	8
2015 年	1	否	14	2015 年	1	没来过	7	盖了章	2	没有	2
2016 年	2	—	—	2016 年	24	不知道	6	没有	5	不知道	19
不清楚	5	—	—	不清楚	4	—	—	不知道	7	—	—
总计	42	—	42	—	29	—	29	—	29	—	29

表 4-23　骆驼湾村 2016 年底为建档立卡户的脱贫满意度

单位：户

项目	满意	不满意	无所谓	户数
你对认定你家脱贫结果是否满意	8	4	17	29
对认定脱贫程序是否满意	10	4	15	29

　　骆驼湾村农户满意度总结：在建档立卡户中，其中有 14 户 32 人享受一项帮扶措施，36 户 74 人享受两项帮扶措施，50 户 106 人对帮扶措施都满意，实施的帮扶措施都有一定的帮扶成效，多数农户对帮扶成效表示满意。骆驼湾村有驻村工作队，村民对驻村工作队也表示满意，对基础设施情况、公共服务改善均表示满意，其中 11 户 17 人有帮扶责任人，对帮扶责任人也表示满意。

四　扶贫效果影响因素回归分析

（一）扶贫效果影响因素变量描述

　　下文在以骆驼湾村生活满意度为被解释变量，解释变量为是否加入新农合、是否有养老保障、是否有低保、身体健康情况，控制变量为性别、教育程度、婚姻和职业，年龄和收入水平分别分组的情况下对骆驼湾村村民生活满意度进行回归分析。表 4-24 是变量描述。

　　从表 4-24 可以看出，样本有如下特征：农民的生活满意度介于比较满意和一般之间，生活满意度测量是从非常满意到很不满意，均值为 2.4。新农合均值为 0.98，几乎全部的被调查的农户都参加了新农合。养老保障均值

为 0.9，村民参加城乡养老保险的人比较多。低保均值为
0.79，说明大部分人有低保。健康方面均值为 0.41，说明
村民的健康状况有待加强，低于平均值 0.5。性别均值为
0.75，男性比较多，这也说明了访谈的男户主比较多。受
教育程度均值为 0.79，大部分农民受过教育，但比例不是
很高。婚姻均值为 0.35，这说明所访谈的户主以中老年为
主，很多失去老伴。职业均值为 0.79，说明大部分农户为
农民。年龄分组方面，60 岁及以上的为老年人，40~60 岁
的为中年人，40 岁以下的为青年，中年的均值为 0.33，老
年的均值为 0.56，说明回答问卷的户主大部分是老年人。
从收入水平分组来看，年收入低于 7000 元的为低收入，
年收入在 7000~15000 元的为中等收入，高于 15000 元的
为高收入，高收入的均值为 0.6，中等收入的为 0.18。

表 4-24　新农合健康等因素对骆驼湾村村民生活满意度影响变量描述

变量名称	变量赋值及意义	人数	均值	标准差	最小值	最大值
被解释变量						
生活满意度	1= 非常满意，2= 比较满意，3= 一般，4= 不太满意，5= 很不满意	52	2.4	0.86	1	5
解释变量						
新农合	参加 =1，未参加 =0	53	0.98	0.13	0	1
养老保障	拥有 =1，没有 =0	53	0.9	0.29	0	1
低保	有 =1，没有 =0	53	0.79	0.4	0	1
健康	健康 =1，疾病 =0	53	0.41	0.49	0	1
控制变量						
性别	男性 =1，女性 =0	53	0.75	0.43	0	1
教育	文盲 =0，受过教育 =1	53	0.79	0.4	0	1
婚姻	结婚 =1，其他 =0	53	0.35	0.48	0	1
职业	农民 =0，其他 =1	53	0.79	0.4	0	1

变量名称	变量赋值及意义	人数	均值	标准差	最小值	最大值
年龄（对照组：青年）						
中年	中年 =1，其他 =0	53	0.33	0.47	0	1
老年	老年 =1，其他 =0	53	0.56	0.5	0	1
收入水平（对照组：低收入）						
中等收入	中等收入 =1，其他 =0	53	0.18	0.39	0	1
高收入	高收入 =1，其他 =0	53	0.6	0.49	0	1

（二）扶贫效果影响因素对村民生活满意度的回归

从表 4-25 可以看出，解释变量中新农合、养老保障、低保和健康因素同在的时候，健康对农民生活满意度影响比较大，由于村民的生活满意度问卷设计中，1 是非常满意，5 是很不满意，满意的次序和数字序列成反方向，回归结果中的负值应当看作正影响，健康、低保、养老保障对农民的生活满意度影响比较大，是否加入新农合的影响比较小。从控制变量性别、教育、婚姻和职业来看，都影响到农民的生活满意度，其中性别和婚姻，影响程度最低，教育和职业影响明显，职业影响最明显。在年龄分组中，中年的生活满意度相关度低一些，老年人的相关度要高一些，随着年龄的增长对生活满意度要比年轻人高一些。在收入水平分组中，收入对村民的生活满意度影响显著，但是随着收入的增高，村民的生活满意度并没有提高，这也许是因为收入差异太大，骆驼湾村在扶贫攻坚的这几年许多村民迅速走向发家致富的道路，而有些村民还徘徊在脱贫和返贫之间，这就导致贫富分化，从而产生村民的生活满意度随着财富的增加反而减少的趋势。

表 4-25 新农合健康等因素对骆驼湾村村民生活满意度影响回归结果

变量名称	OLS1	OLS2	OLS3	OLS4	OLS5	OLS6
解释变量						
新农合	0.02	—	—	—	0.01	0.02
养老保障	−0.34	−0.76	—	—	−0.32	—
低保	−0.46	−0.74	—	−0.33	—	—
健康	−0.79	−0.69	−0.67	—	—	—
控制变量						
性别	−0.06	−0.07	−0.06	−0.05	−0.05	0.04
教育	0.24	0.22	0.23	0.22	0.23	0.28
婚姻	0.07	0.08	0.08	0.07	0.05	0.06
职业	−0.92	−0.79	−0.83	−0.87	−0.94	0.92
年龄（对照组：青年）						
中年	−0.04	−0.1	−0.03	−0.03	−0.04	−0.005
老年	−0.19	−0.4	−0.23	−0.23	−0.19	−0.05
收入水平（对照组：低收入）						
中等收入	0.4	0.71	0.72	0.76	0.41	0.47
高收入	0.75	0.68	0.69	0.77	0.8	0.84
常数	1.42	3.08	3.05	3.02	1.39	1.46
R 方	0.45	0.37	0.37	0.37	0.45	0.44
样本	52	52	52	52	52	52

注：绝对值超过 0.05% 为显著水平。

第五节 脱贫政策落实情况

2017 年底骆驼湾村实现了脱贫，从脱贫途径来看，如表 4-26 所示，其中，通过产业就业脱贫的有 91 户 226 人，通过易地搬迁脱贫的有 15 户 29 人，通过生态保护脱贫（护林员）的有 7 户 7 人，通过教育脱贫的有 1 户 1 人，通过社会保障兜底的共有 220 人，其中低保的有 167 户 185 人，大病救助的有 14 户 35 人。

表 4-26　骆驼湾村"五个一批"情况统计

单位：户，人

产业就业脱贫		易地搬迁脱贫		生态保护脱贫		教育脱贫		低保		大病救助	
户数	人数	户数	人数	户数	人数	户数	人数	户数	人数	户数	人数
91	226	15	29	7	7	1	1	167	185	14	35

　　近几年，骆驼湾村脱贫主要是由于各种投资和各种补贴的加大，其中，基础设施建设的投资带动了村民的就业，乡村规划投资造就了一批移民搬迁脱贫农户，旅游开发投资有利于一部分人通过生态保护脱贫。2016 年在投资 5000 多万元建设高等级旅游公路的拉动下，当地驼梁山旅游业开发和百亩苹果种植业有了初步发展；每户 28000 元、每平方米 240 元的美丽乡村建设补贴，使骆驼湾村的村容村貌和村民居住条件进一步发生改变；总投资 500 多万元的 75个高标准食用菌大棚的建成，使更多村民走向致富路。

　　此外，各种补贴的增多也使骆驼湾村的村民尽快走出了贫困境地，如表 4-27 所示，尤其是低保、五保的补助使更多的贫困户摆脱贫穷。

表 4-27　骆驼湾村各种补助领取情况

单位：户，元

项目	户数	2016 年领取金额	累计领取金额
教育补助	3	4500	9000
疾病救助	3	50840	63200
灾害救助	0	0	0
低保补助	35	85030	268460
五保补助	6	24360	46360

一 基础设施方面

到 2018 年底，以交通、水利为主的基础设施建设基本完成，建成了通往 382 国道公路、通往山西木桥山的公路和村后道路；去往辽道背的旅游公路已修建完工。建成了大戏台、幸福院、村委会、文化广场、村边花园、公共卫生间、垃圾处理点等公共设施。排水管网已铺设入户，污水集中处理池已施工完毕。解决了全体村民的安全饮水和安全用电问题。新建塘坝 6 座，实现 500 亩土地旱变水。民居改造由中国乡建院统一规划，按照本地传统民居特色，结合户主意愿逐户设计施工。全村已有 225 户民居进行了改造，其中骆驼湾 103 户、瓦窑 122 户。全村共有 21 户易地搬迁，其中 14 户集中安置，7 户货币补偿。

二 基本公共服务方面

在就业服务上，开展农村实用技术和职业技能培训，让村民去村集体企业上班，优先解决困难户的就业问题。在社会保障方面，对生活困难、需要社会救助的村民，建立最低生活保障制度，由村集体每月发放一定标准的最低生活保障费。随着集体经济的不断壮大，正在逐步建立退休养老保障制度，以实现村民老有所养、病有所医、基本生活有保障的目标。在公共文化服务上，建设了服务设施中心，包括幼儿园、文化活动站、老年活动中心、农家书屋等，结合骆驼湾和瓦窑现有戏台各配套建设村民文化健

图 4-1　骆驼湾村戏台

身广场一座，包括村民健身活动场地、休闲活动场地等。在教育服务上，建立了骆驼湾小学和保定师范附属学校龙泉关分校，学生们享受国家免学费、免课本费、免住宿费的"三免"政策，每人还领到一顿价值 4 元的免费午餐。在医疗服务上，完善了现有卫生室，建立合作医疗和体检制度，继续实施新型农村合作医疗和农村医疗救助制度，扩大农民体检覆盖面，每年为中老年村民体检一次，每月组织医务人员到村里讲解卫生保健知识。2015 年到 2016年，阜平县试行对参加新农合大病患者及特殊慢性病患者进行再补偿，对 60 岁以上参合人员县域内住院治疗发生的合规医陪费用 100% 予以补偿。

三 基层党建方面

在推进骆驼湾村美丽乡村建设中，基础党组织发挥了重要作用，全村共有 52 位党员，其中，50 岁及以上的党员 30 人，高中及以上文化程度的党员 8 人，党小组 1 个，村支部委员 4 人。重建了村委会办公场所，有完整的村"两委"班子，共有 6 人，平时关于村里的重大事情要经过村"两委"开会讨论通过，村民代表 11 人，也设有村务监督委员会，监督委员会有 3 人，还设有民众理财小组，由 3 人组成。

在基层党建促扶贫活动中，骆驼湾村共组织了全体党员干部召开全体党员认真学习"两学一做"教育活动动员部署大会、学习十九大精神系列大会，并制订了学习计划，明确了学习措施，做好组织保障，确保教育活动扎实推进。定期开展各项丰富多彩的党员教育活动，提高党员政治素质和带领群众致富本领，确保骆驼湾村 2020 年全部实现小康。党员在党支部的领导下，严格遵守《党章》规定及党内各项规章制度，严格党内生活，落实目标责任，认真履行义务，正确行使权力，协助党支部做好各项工作，把党的政策法规和有关文化知识宣传给全村的家家户户。骆驼湾村还组织党员和部分有想法的村民到西柏坡和平山葫芦峪进行了主题为"深入学习党的十九大精神，凝心聚力促发展，攻坚克难奔小康"参观学习活动，回来后组织了"统一思想"座谈会，大家畅所欲言，对今后产业的发展提出了很好的意见和建议。"七一"期间，骆驼湾村党支部组织开展庆"七一"主题活动,忆党史、讲党课、重温入党誓词,极大地激发了全体党员干事创业的热情和工作积极性。

骆驼湾村将农村环境整治列入基层党建实绩考核内容,建立了专职人员工作责任制,专职环保人员考核收入必须与工作挂钩,建立目标考核、奖励机制等措施。同时,加强村级环境卫生的监督管理,村支部对全村的环境卫生做出明确要求、确定范围,进行招标并与承包者签订责任状,进行卫生长效管理,接受村委监督、考核,建立由专职人员定期、不定期抽查的监督体制。

第五章

脱贫具体路径分析

骆驼湾村的贫困主要是由自然资源的匮乏引起的，其脱贫路径首先要解决的是资源问题，怎么把劣势变为优势，这是所有的贫困山区脱贫首要考虑的问题。骆驼湾村从发展产业、美丽乡村建设、金融创新等到医疗保障、社会保障和教育扶贫等都进行了有益的探索，最终寻找到了适合当地的脱贫路线。本章主要是对骆驼湾村的脱贫路径进行分析，在分析产业扶贫时注重发掘因地制宜的因素，在分析美丽乡村建设时要和开发当地的旅游资源结合起来，在医疗保障、社会兜底保障等方面分析中也侧重发掘地方特色。

第一节 产业扶贫

一 产业发展规划

按照习近平总书记"宜农则农、宜林则林、宜牧则牧、宜开发生态旅游则搞生态旅游"的指示精神，阜平县立足自身资源特点，推动致富产业多元化发展。以打造绿色安全的农副产品生产加工供应基地为目标，以提高种植养殖效益为核心，以科学技术为支撑，以推进土地流转、引进龙头企业进行规模化和产业化经营为模式，以金融服务为保障，以智慧农业为方向，实现种养产业的规模化、产业化、品牌化发展。

一是加快推进农业产业结构调整。以规模化、产业化为发展方向，大力发展以食用菌、林果为主的高效农业。二是大力发展家庭手工业。通过"政府支持、企业运营、农民参与"的模式，引进并发展家庭手工业，为农村留守闲散劳动力提供就业致富门路。三是积极推进电子商务发展。以"全国电子商务进农村综合示范县"创建为契机，与阿里巴巴、京东、苏宁易购等知名电商合作，建成阜平电商创业园和京东电商服务中心，发展农村电商服务网点、淘宝网店和微店。四是劳务经济规模和效益稳步提高。加强职业教育和专业技能培训，组织引导劳动力就业。

二 产业脱贫具体措施

一是专项资金支持。对林果业、种植业、养殖业和农产品加工业等增收项目，扶贫资金到户。①对有劳动能力和经营能力的贫困户采取直接扶持到户模式。②对自主经营相对困难的贫困户，本着贫困户自愿的原则，把专项扶持资金作为股份，入股参与股份合作经济组织，保底分红收益不低于10%。③资金补贴标准：原则上每户贫困户不高于1.2万元。

二是每业一策扶持。对食用菌产业、黑木耳产业、中药材产业、果蔬产业、林果业、电子商务业和家庭手工业等，阜平都从技术、资金、政策等方面单独制定了相应的扶持政策。

三是建立金融保险支持机制。切块资金支持贫困村农业项目贷款担保、保费减免、利息补贴，探索开拓价格保险、收益保险、质量保证保险、土地履约保证保险、贫困户精准脱贫保险等新险种，以降低产业发展风险。

四是建立利益联结机制。通过培育新型农业经营主体，使贫困户参与进来，实现"风险共担、利益共享"的利益联结。

五是完善督查考核机制。制定产业扶贫督查方案、产业扶贫考核办法、产业项目资金管理办法等，同时开展经常性不定期的督查督导。

以食用菌产业政策为例：食用菌产业可以享受金融保障、基地（片区）扶持、菌棒加工厂补贴、棚室补贴、菌棒补贴、产品保鲜库补贴等政策。具体如下。

（1）金融保障：为建档立卡贫困户优先提供贷款支持，超过银监会规定贷款年龄的建档立卡贫困户从事食用菌产业的，可以从人保财险公司获得人保支农融资支持，为食用菌生产投保菌棒保险的，政府负担保费的60%。

（2）基地（片区）扶持：凡是企业、合作社入驻基地（片区），农户参与率达到80%以上且流转土地50亩以上，给予水、电、路基础设施配套，并解决在基地建设过程中如挡墙、排水设施等相关问题。以建成后验收补贴的方式给予扶持，按工程进度拨付，第一阶段按工程进度拨付，预拨付资金不超过补贴资金的50%，第二阶段验收评审后，再拨付剩余资金的50%。

（3）菌棒加工厂补贴：对已有的和新建的控温养菌车间、菌种中心等给予资金投入的40%补贴，最高补贴金额不超过2000万元。

（4）棚室补贴：暖棚给予每平方米20元的补贴，凉棚给予每平方米5元补贴，小拱棚每平方米补贴1元。租赁阜裕公司棚室的，租赁户和企业共担棚室租赁费用，即租赁费用21元/平方米，租棚群众负担15元/平方米费用、阜裕公司负担6元/平方米费用。

（5）菌棒补贴：香菇每棒补贴0.6元、白灵菇每棒补贴0.4元等。

（6）产品保鲜库补贴：对食用菌基地内新建砖混、钢筋结构标准化冷库给予每平方米150元补贴，对于食用菌出菇园区所建的冷库由政府全额补贴。

三 产业脱贫主要成效

（1）食用菌产业。骆驼湾村通过荒滩治理整理出了100亩地用于食用菌种植。目前，已集中建设食用菌种植小区共200亩，建成食用菌大棚75个。承包给了28户，2017年每个大棚纯收入达1万多元，还可以给村民带来近2万元的务工收入。龙头企业投资建好大棚，农民可以无抵押贷款5万~10万元，政府贴息；每50万~100万个菌棒，免费配一名技术员；公司与农户签订包销协议。食用菌产业采取"政府+金融+科研+龙头企业+合作社+农户"六位一体模式，由县嘉鑫公司和农户合作经营。2018年香菇大棚入棚菌棒共计117万棒，预计年人均增加收入1.8万元。

（2）林果业。骆驼湾村的700亩土地已统一流转，以"公司+农户"的形式发展林果业（主要是高山苹果）。果树挂果前，承包公司给村民每年每亩水浇地补助1000元、旱地800元，挂果后实行利润五五分成，公司和农户各得卖果收益的一半。平时，村民还可通过到果园套袋、施肥、锄草、采摘等方式打工挣钱。高山苹果是2016年种植的，2018年挂果，预计2018年就能见到效益，190户村民按照纯收入的50%进行分红。土地流转金、打工薪金、效益分红，这"三金"成为农民稳定的收入来源。

（3）民宿旅游业。目前已有10户办理了工商登记注册，成立了农家乐合作社，建成垂钓池1400平方米，2017年已成功举办了骆驼湾第一届休闲渔业文化节。以

图 5-1　骆驼湾村农家乐农家院

后每年举办一次，为乡村旅游助力。2018 年在驻村干部黄文忠协调下争取 50 万元项目发展资金，骆驼湾村成立第一家村集体企业——阜平县骆驼湾实业发展有限公司。2018 年 6 月 7 日，该公司主导运营的"骆驼湾大酒店"开张营业，村集体产业收入实现零的突破。公司租赁部分已经具备条件的农家院落以及瓦窑，对农家院落统一编号，并为具备营业条件的 1200 平方米的农家乐饭店挂牌"骆驼湾大酒店"。下一步，将依托骆驼湾村 66.4% 的森林覆盖率、秀美的自然风光、丰富的水资源、毗邻天生桥景区等优势，引导村民发展农家乐和民宿产业。为此，阜平县旅游局已确定给予每户农家乐 3 万元的资金支持，并联系了保定一家厨师技校免费为村民提供技术培训。

第二节　美丽乡村建设脱贫

一　美丽乡村规划

在易地搬迁方面，骆驼湾村全村人口分布在 9 个自然村，最远的自然村距离中心村 7 公里，最小的自然村只有 4 户 8 人，人口居住极为分散，而且村民住宅大部分是五六十年代建造，少量建筑位于山洪影响区内，这些特点不利于基础设施、公共设施以及安全设施的共建共享。为此，骆驼湾村在充分调研、征求村民意愿和考虑整个村域未来发展基础上，对村域自然村进行了规划：保留骆驼湾、瓦窑两个自然村，辽道背、木桥、菜树塔、青石塘沟、杨树塔、朱行塔和藏粮沟等自然村迁往镇区，重点发展骆驼湾村、瓦窑村和辽道背村、藏粮沟村。7 个自然村在搬迁后，对辽道背村、藏粮沟村房屋等设施予以保留，作旅游开发使用。木桥、菜树塔、青石塘沟、杨树塔、朱行塔村进行土地"增减挂钩"。目前，易地搬迁工作已经完成。

在美丽乡村建设方面，龙泉关镇骆驼湾村被确定为美丽乡村建设重点村，基础设施和公建部分由县里规划支持。阜平县依据其在京津冀都市圈中的生态功能定位，按照修复、保护、建设与开发利用统筹的原则，以山脉沟域、河流水系、水库湿地为重点，大力加强生态环境建设，开发生态旅游资源。由于龙泉关镇处于自然保护区内，旅游资源丰富，阜平统筹了龙泉关各村的总体规划，包括给排水、雨污水、供热和综合管廊等都由县里规划支持。

在乡村治理方面，探索建立以村党支部为核心，以村代会、村委会、村监会为决策、执行、监督机构，以精准扶贫工作室、金融扶贫工作室、电商服务中心、两个代办工作室、便民服务中心为服务机构，以合作社、红白理事会、"五老一小"、致富带头人为辅助的新型农村治理体系，提升村庄管理和服务水平。引导村民制定村规民约，进行自我管理。开展道德教育和致富技能培训，提高村民道德素养和致富能力，打造村美人也美的新农村。

二 美丽乡村规划具体措施

（一）易地搬迁

根据村民意愿，采用住房安置、集中养老安置和货币安置三种方式对安置对象进行妥善安置。

在住房安置中，按照自愿原则，搬迁至指定统规统建居住小区，严格按人均建设面积 25 平方米的标准进行住房安置。住房安置涉及的补贴有：①安家费补贴：按照每人 0.8 万元的标准对安置对象进行安家费用补贴。②物业和取暖费补贴：按照政策内安置住房面积给予每月 1.5 元的物业费用补贴，补贴期限 10 年。实行统一供暖的，给予每年每平方米 20 元的补贴，期限为 10 年。③养老保险补贴：对 60 周岁以上和 50~59 周岁参加新农保的安置对象进行养老保险补贴。60 周岁以上安置对象，由项目实施主体一次性趸缴养老保险，实现每人每月在上级发放养老金基础上达到 300 元。

在集中养老安置中，安置对象是鳏寡孤独人口和无人照顾的老人，按照自愿选择互助养老幸福院和易地扶贫搬迁集中养老方式进行安置。

对自愿选择货币安置的村民，由安置对象提供已自行购买住房的有效证件或证明进行货币安置。

在拆迁补偿中，安置对象享受搬迁整合支持政策后，必须拆除原有房屋，并将土地使用权交还集体。按程序确定评估公司，对安置对象原有房屋、地上附着物、宅基地及其他用地等分别依法进行评估。对安置对象财产评估总价高于安置住房建安成本的部分进行货币补偿，对评估总价低于安置住房建安成本的安置对象不予补偿。对在规定期限内完成房屋腾空并交付的安置对象，给予原房屋评估价 5% 的拆迁奖励。对安置对象的原住宅房屋按照每平方米 10 元的标准给予搬迁补助。

（二）危房改造

（1）危房改造补贴。对符合国家危房改造政策的建档立卡贫困户落实危房改造支出政策（新建房 28000 万元，改造房每户 9000 元）。不符合国家危房改造政策，但按统一规划设计完成改造提升的农户，也由县财政按国家危改政策标准予以支持。

（2）财政奖补。阜平县财政对改造提升户按每户一宅的原则，从建筑、装修两个方面进行奖补。建安补贴：新建户 100 平方米以内每平方米补贴 540 元，100~300 平方米每平方米补贴 240 元；维修改造户 300 平方米以内每平方米补贴 240 元。装修补贴：每个村 10 户示范户每户 100 平方米内每平方米补贴 800 元；其余农户 100 平方米内每平方米补贴 600 元。

（3）金融贷款：依据阜平县金融扶贫政策，改造提升户可申请贴息贷款，贷款 5 万元以下不需抵押，利率 4.35%，期限 1~3 年，财政贴息 50%；贷款 5 万 ~10 万元的，需用自己的房屋做抵押，贷款中的 5 万元，财政贴息 50%。

三 美丽乡村建设成效

骆驼湾村民居改造由中国乡建院统一规划，按照本地传统民居特色，结合户主意愿逐户设计施工。全村已有 225 户民居进行了改造，其中骆驼湾 103 户、瓦窑 122 户。2016 年启动搬迁工程，安置点对应搬迁对象情况统计显示，到 2017 年底骆驼湾有 21 户 53 人需要搬迁，其中包括建档立卡的 1 户 3 人，同步搬迁的 20 户 50 人。集中安置的有 14 户 39 人，包括建档立卡的 1 户 3 人，同步搬迁的 13 户 36 人，主要搬迁到龙泉镇安置点。分散安置的有

图5-2　骆驼湾村村民新居

7户14人，都是同步搬迁。

　　过去，骆驼湾村绝大部分村民居住的都是土坯房、石头房，如今，整个村庄面貌发生了翻天覆地的变化。以前小推车都难上路的土路不见了，柏油路通到了村里各家各户，私家车可以直接开到家门口；破旧低矮、四面透风的土坯房变成青砖灰瓦黄土墙的太行特色民居，过去的小木窗户都换上了塑钢门窗，屋子里显得格外明亮；烧煤取暖的火盆淘汰了，取而代之的是空气源热泵，冬天屋里可以达到20多度。

第三节　金融创新扶贫

一　金融扶贫规划

　　骆驼湾村的产业扶贫离不开金融创新扶贫，阜平县创新金融扶贫机制，助推产业发展，在全县范围内做好了金融政策宣传工作，在行政上（简化审批手续、缩短办理时间、减免审批费用、提高服务质量）、资金支持上（以扶贫贷款贴息的形式）对县内的龙头企业进行重点扶持，各部门之间相互配合，坚持"便农、惠农"原则，优化金融环境。成立了金融服务中心，丰富了县、乡、村三级服务网络，使助农取款服务点达到了全覆盖。在金融贷款方面，政府注册成立了县惠农担保公司，在政策上给予支持，按照"贫困村推荐、所在乡镇进行初审、县惠农担保公司和银行联合审查"的工作流程，符合条件的企业、合作社或者农户均可申请贷款，并由县财政给予50%的贴息。

　　阜平县探索建立"政府＋保险＋银行＋农户（企业）"的金融扶贫模式。一是建立"县金融服务中心＋乡镇金融工作部＋村金融工作室"三级金融服务机构，形成覆盖全县各个行政村的金融服务网络。二是创建农业保险"联办共保"和扶贫贷款"风险共担"两个机制，支持农民发展致富产业。三是拓宽融资渠道支持县域发展，与政策性银行合作，争取对产业发展和基础设施建设的支持。四是优化金融生态环境。坚持激励和惩戒相结合，营造良好的信用环境。建立农村诚信体系，通过"边采集、边办理"的方式采集农户信息，建立农户电子信用信息档案，建立守信激励和失信惩戒机制，采取多种措施促使农户诚信经营。

二　金融扶贫措施

（一）扶贫担保贷款

贷款对象包括农户和企业，贷款额度为 5 万元以下的，免抵押。5 万 ~10 万元的可单独或混合使用：①龙头企业提供反担保；②以固定资产、农业保险保单为反担保；③公职人员提供反担保。贷款利率执行基准年利率（4.35%~4.75%），月利率 4 厘左右。贷款期限 1~3 年，具体由农户和行业需求确定，贷款人年龄与贷款期限之和不得超过 65 周岁。

农户贴息贷款。建档立卡贫困户贷款 5 万元以下的，贴息基准利率 100%；贷款 5 万 ~10 万元的仅贴息 5 万元基准利率 100%；单户贷款 10 万元以上的不享受贴息政策，从扶贫资金列支（贴息由扶贫资金支出）。非贫困户贷款 5 万元的，贴息基准利率 50%；贷款 5 万 ~10 万元的仅贴息 5 万元基准利率 50%；单户贷款 10 万元以上的不享受贴息政策，从财政资金列支。

扶贫龙头企业贴息贷款。省级、市县级扶贫龙头企业带动建档立卡贫困户 20~50 户的，贴息金额为贷款额的

1%，50~100 户的贴息 1.5%，100 户以上的贴息 2%；县级扶贫龙头企业贴息金额最高不超过 10 万元，市级贴息金额最高不超过 20 万元，省级贴息金额最高不超过 30 万元。扶贫资金用于扶贫龙头企业贴息最高不超过 10 万元，符合贴息条件的剩余部分由财政资金补齐。

农民专业合作社贴息。农民专业合作社入股成员 30 户以上且建档立卡贫困户占比超过 60% 的，贴息额为贷款额的 1%；占比 70%~80% 的，贴息 1.5%；占比 80% 以上的，贴息 2%；贴息额最高不超过 5 万元，从扶贫资金列支。

食用菌种植户贴息。建档立卡贫困户贷款 5 万元以下的，贴息基准利率 100%；5 万 ~10 万元的，除享受 5 万元基准利率贴息 100% 外，再从财政资金列支贴息剩余贷款额基准利率的 50%；贷款 10 万元以上的，仅享受 10 万元的贴息，10 万元以上的部分不享受贴息。非贫困户贷款 5 万元以下的，贴息基准利率 50%，贷款 5 万 ~10 万元的，贴息基准利率 50%，贷款 10 万元以上的，仅享受 10 万元贴息政策，10 万元以上的部分不享受贴息，从财政资金列支。

（二）金融保险扶贫

农业保险实现主要种养产品全覆盖，险种包括政策性农业保险、商业性农业保险、农户平安综合保险。全县农户、企业均可参保。保费补贴标准：政策性农业保险由中央、省、县财政承担 80%，个人承担 20%；商业性农业保险由县财政承担 60%，农业经营主体承担 40%；农户平安综合保险每户 25 元，由县财政全额承担。由人保财险公司、政府相关部门和乡、村两级金融服务机构共同实地勘察定损，按照实际损失程度赔付理赔金额的 95%。

（三）金融扶贫成效

在"政府＋金融＋科研＋龙头企业＋合作社＋农户"的模式发展下，骆驼湾村培育食用菌种植业，将之与林果业、家庭手工业、电商产业等并列为帮助贫困农民脱贫致富的主导产业。骆驼湾村的食用菌收益在 2016 年达 200 万元。承包蘑菇大棚时政府联合金融机构，对农户采取贴息贷款，每个承包户可以无抵押贷款 10 万元。2016 年至 2017 年骆驼湾村共有 59 户农民贷款，其中贫困户为 24 户，贷款金额除了 1 户为 10 万元养蜂外，其他均为 5 万元，贷款大部分用于美丽乡村建设的房屋建设，还有一部分人用于种植和食用菌产业，贷款单位主要是龙泉关信用社，还有部分从中国农业银行贷款。

第四节　医疗保障扶贫

一　医疗保障扶贫规划

　2017 年 6 月，阜平县被确定为全国首批 66 个争创健康扶贫工程示范县之一，在河北省一共只有 2 个示范县。争创健康扶贫工程示范县总体要求是：围绕建档立卡贫困人口"看得起病、看得好病、方便看病、少生病"，采取建立兜底保障机制，实施"三个一批行动计划"，即大病集中救治一批、慢病签约服务管理一批、重病兜底保障一批，强化公共卫生服务，改善县、乡、村三级医疗卫生机构服务条件等一系列措施，使因病致贫、因病返贫问题得到有效解决。

从 2016 年 3 月开始，阜平县对 60 岁以上的参合老人在县内就医发生的合规医疗费用予以 100% 补偿。此外，县财政每年拿出 1800 万元成立补偿基金，对农村大病患者及特殊慢性病患者建立再次补偿机制。对参合农民的医疗费用，在新农合基本报销和大病保险补偿的基础上，再次进行报销。

二 医疗保障扶贫措施

（1）提高基本医疗保障待遇。患者在各级定点医疗机构住院医疗费起付线降低 50%。定点医疗机构住院合规医疗费用报销比例提高到 90%。门诊慢性病补偿不设起付线，普通慢性病封顶线 6000 元 / 年，报销比例 75%；恶性肿瘤放化疗、白血病、终末期肾病和重症精神病等重大慢性病封顶线 15 万元 / 年，报销比例 90%。

（2）提高大病报销比例。取消大病保险起付线，各段支付比例比普通居民提高 10%，累计支付限额为 50 万元。

（3）提高医疗救助待遇。对建档立卡贫困人口因患18种普通门诊慢性病和4种门诊大病，在规定的门诊定点医疗机构就医，自付医疗费用超过1000元以上的部分按70%的比例进行救助。年度累计最高救助额度为2万元。

（4）重特大疾病医疗救助。患重特大疾病的，经住院救助达到7万元限额后，超出部分按90%比例再次进行救助，年度最高救助限额为20万元。

（5）县级对参保60周岁以上农村居民在本县县医院、中医院两院住院发生的医疗费用经城乡居民基本医疗保险和市大病保险报销后，个人负担合规医疗费用100%再给予报销。

（6）大病和特殊慢性病再补偿。在城乡居民基本医疗保险、市大病保险报销和60周岁以上人员合规费用100%补偿基础上，对累计自付住院合规医疗费用在1万元以上的、患20种特殊慢性病自付费用累计在2000元以上的给予再报销。

第五节　社会兜底扶贫

一　社会兜底保障规划

阜平县从两个方面探索建立社会兜底保障机制。一是按照精准扶贫兜底保障一批的要求，将河北省下拨给阜平县的低保、五保、大病救助、紧急救助等资金，统筹建立兜底保障基金，对困难群众进行兜底保障，使保障标准与贫困线合一，不足部分县财政补贴。二是探索建立县、乡、村三级养老服务机制。县建立与社会化养老相结合的养老康健中心，政府出资建设，完善相关服务设施，聘请专业团队进行日常管理，一方面对鳏寡孤独老人进行集中供养，另一方面面向社会发展托老产业。各乡镇建立养老服务中心，对村民年龄偏大、平时无子女照顾、缺乏生产能力、紧急情况无法处理的空巢老人进行集中搬迁，完善相关配套设施。村民搬迁后的原有住房、土地、山场等依法进行流转，交由企业统一经营管理，收益用于老人平时生活所需，彻底解决空巢老人生活问题。村建设互助幸福院，集中供养孤寡老人，相互照料。

阜平县为社会兜底保障建立了相应的社会兜底保障基金，对低保对象进行补差。2016年县财政投入1081万元，使低保对象年保障水平达到3500元。目前正在结合2016年建档立卡信息采集结果，对农村低保人群进行梳理调整，将无劳动能力、无法自主脱贫人员全部纳入低保保障范围，按照低保线与贫困线"两线合一"的要求，对低保人群分类施保，确保享受低保补差后人均收入标准达到4000元以上，并按月发放。

二 低保、五保措施

对低保对象精准识别，坚持按户施保，对家庭人均可支配收入低于3500元的，纳入低保识别对象，按照申请、评议、审核、信息对比、审批、公示等程序将符合低保条件的困难家庭整户纳入低保范围。而且适度扩大困难群众保障范围，对靠父母和其他亲属供养的成年重度残疾人，对低收入家庭中患有先天性心脏病、白血病、癌症等且丧失劳动能力的患者也纳入低保范围。

对无劳动能力的低保户，落实低保兜底政策，保障水平达到4000元，确保其基本生活。通过社会保障政策兜底和资产收益扶贫（如土地流转获得流转金、1.2万元扶贫资金入股分红等）实现稳定脱贫的，仍可继续享受低保政策。

按农村居民最低生活保障标准4000元/（年·人）标准，农村低保分三类：一类低保（收入在0~1000元的低保对象）补差金额为每人每月340元；二类低保（收入在1000~2000元的低保对象）补差金额为每人每月260元；三类低保（收入在2000~4000元的低保对象）补差金额为每人每月195元。

为五保户提供基本生活条件、照料服务、疾病治疗、住房救助、教育救助和殡葬服务。农村特困人员供养标准为5200元/（年·人），完全丧失生活自理能力的特困人员年照料护理费，按当地最低工资标准（1380元）的15%确定，部分丧失生活自理能力的特困人员年照料护理费按当地最低工资标准（1380元）的10%确定。特困人员发放标准和特困人员照料护理费补贴月发放金额标准为：农村特困人员每月433元，完全丧失生活自理能力的特困人员护理费每月 207 元，部分丧失生活自理能力的特困人员护理费为每月 138 元。

三　社会兜底保障成效

在骆驼湾村脱贫的过程中，社会兜底的贫困户越来越少。在社会兜底低保、五保保障范围内的贫困户在 2016 年有 167 户 185 人，2017 年有 67 户 113 人，2018 年仅剩下 4 户 7 人，包括 3 户 6 人低保贫困户和 1 户 1 人五保贫困户。

第六节　教育扶贫

一　教育资助扶贫规划

习近平总书记很多教育扶贫的重要论述是在阜平首次提出的，在阜平考察期间，习近平总书记明确提出："治贫先治愚。要把下一代的教育工作做好，特别是要注重山区贫困地区下一代的成长，下一代要过上好生活，首先要有文化，这样将来他们的发展就完全不同。义务教育一定要搞好，让孩子们受到好的教育，不要让孩子们输在起跑线上。古人有'家贫子读书'的传统。把贫困

图 5-3　2018 年 10 月 14 日，骆驼湾村小学 3 名小学生正在上课

（王月金拍摄，2018 年 10 月）

地区孩子培养出来，这才是根本的扶贫之策。"[1] 根据总书记的指示精神，阜平积极挖掘激发贫困群众主动脱贫、积极脱贫的意识，探索"扶志"与"扶智"有机结合、相辅相成助力脱贫的有效途径，坚定靠劳动脱贫致富，并利用职教资源优势，开设"空中课堂"，推行微课教学，送课下乡、送教上门，深入贫困农民家庭，提供技术帮扶，共谋致富门路。

①　习近平：《做焦裕禄式的县委书记》，中央文献出版社，2015，第 24 页。

第五章

脱贫具体路径分析

二 教育扶贫措施

一是兴建骆驼湾小学让适龄儿童有学上，建保定师范附属学校龙泉关分校让三至九年级的学生寄宿就读。

二是紧盯建档立卡等贫困家庭学生，精准兑现教育扶贫资助政策，在足额落实国家资助政策基础上，针对建档立卡等经济特困学生提标，面向因天灾人祸等突发情况致穷的学生扩围，出台《阜平县贫困学生救助办法》，每年编列预算 1300 万元作为兜底资金，构建从幼儿到大学生全覆盖的救助体系。阜平 2015 年专门制定出台贫困学生救助办法，明确规定，幼儿减免所有保教费，小学每人每年补助 1500 元，初中每人每年补助 2000 元，普通高中每人每年补助 6000 元，职中每人每年补助 5500 元，大学每人每年补助 1.2 万元。

三是注重发展职业教育扶贫。县政府设立职业教育专项经费，县财政将科技、林业、扶贫等部门培训资金 200余万元整合捆绑，交由职教中心统筹使用，统筹用于乡镇成人学校建设和培训，并将各乡镇成人学校划归职教中心统一管理。

三 教育资助扶贫成效

2014 年骆驼湾村小学建成招生，承担幼儿园和小学一、二年级的教学。2014 年招生 5 人，2015 年招生 7 人，2016 年招生 5 人，2017 年招生 4 人，2018 年招生 5 人。

学生们不仅可以享受国家免学费、免课本费政策，每人还可享受到一顿价值 4 元的免费午餐。

2016 年 10 月，保定师范附属学校龙泉关分校落成招生，骆驼湾三至九年级中小学生在这所学校里寄宿就读，学生们不仅可以享受国家免学费、免课本费、免住宿费的"三免"政策，针对山区农村孩子因山高路远，午饭饿肚子、吃冷食上课等问题，每人还可享受到一顿价值 4 元的免费午餐。

在职业教育方面，阜平职教中心针对太行山区农民因无技术"大钱挣不了，小钱看不见"的现状，开办了食用菌、富硒西瓜、特色林果、农家乐经营、农村电子商务等六大方向的培训班。

第六章

骆驼湾村脱贫经验

骆驼湾村用五年时间摘掉了贫困村的帽子，其山区脱贫的经验可圈可点。本章主要从四个方面总结骆驼湾村的脱贫经验：外界帮扶和自身努力相结合，外界帮扶主要解决了脱贫和发展所需要的资源约束问题，自身努力激发了发展的动力；骆驼湾村山区综合开发经营脱贫对其他贫困山区具有一定的示范作用；开发式扶贫和精准式扶贫同步，既从面上改善了当地自然资源匮乏的困境，又从点上解决了个别贫困户的生产生活问题；户脱贫和村小康统筹规划，在巩固脱贫的同时制订小康计划，有效地阻断贫困的循环。

第一节　外界帮扶和村民努力相互呼应

一　高标准派驻第一书记和工作队

骆驼湾村的脱贫与外界的大力支持分不开，习近平总书记 2012 年 12 月到访骆驼湾村后，骆驼湾村从此走红，每年都有大量的访客前来观瞻，有些访客对农户直接捐款，也有些单位对骆驼湾村捐建项目，这在相当程度上改善了当地的部分基础设施，也提高了农民的收入，对骆驼湾村的脱贫攻坚起到了一定的输血作用。

河北省政府从 2013 年开始从省级单位抽调处级干部担任村第一书记并抽调专业人员组成工作组入驻骆驼湾村进行帮扶工作，第一书记和工作组不仅从组织领导和政策落实方面帮助骆驼湾村进行精准扶贫工作，而且带来了产业、技术、资金和智力资源，这对骆驼湾村的脱贫攻坚起到了助推的作用。河北省对骆驼湾村的帮扶具有阶段性特征，如表 6-1 所示，2013 年和 2014 年头两年主要是河北省委办公厅在帮扶，因为办公厅的人可以协调许多资源，有利于顺利推进骆驼湾村的扶贫攻坚工作的开展，2016 年主要是河北省住建厅派驻人员驻村，因为 2016 年骆驼湾村进行美丽乡村建设，进行基础设施建设改造升级，驻村工作组来自住建厅有利于美丽乡村基础设施建设的提升。2017 年驻村工作组来自河北省农业厅，主要从产业上帮扶骆驼湾村走向脱贫道路，帮助骆驼湾村于 2017 年底实现了整体脱贫。2018

年驻村工作组来自河北省农业厅和河北省能源局，主要也是从产业扶贫的角度来对骆驼湾村进行继续帮扶。

表6-1　骆驼湾村驻村工作组情况

年份	姓名	职务	派驻单位
2013	张玉奇	第一书记	河北省委办公厅
	尚永利	队员	河北省委办公厅
	姜海	队员	河北省委办公厅
2014	刘树理	第一书记	河北省委办公厅
2015			阜平县司法局
2016	徐向东	第一书记	河北省住建厅
	黄利明	队员	河北省住建厅
	方斌	队员	河北省住建厅
2017	敦伟涛	第一书记	河北省农业厅
	邢亚茹	队员	河北省农业厅
	吴丽卿	队员	河北省农业厅
2018	刘华格	第一书记	河北省农业厅
	黄文忠	队员	河北省能源局
	唐超男	队员	河北省农业厅

资料来源：精准扶贫精准脱贫百村调研骆驼湾村调研。

2018 年以来的驻村工作组情况为：驻村第一书记为河北省畜牧良种工作站人事科科长刘华格，队员为河北省能源局装备处副处长黄文忠、河北省畜牧良种工作站人事科副主任科员唐超男。该驻村工作队 2018 年上半年入驻，为期 3 年，具体分工是刘华格负责驻村全面工作和村党建工作，黄文忠主要负责产业发展和外联工作，[①]唐超男主要

---

① 黄文忠同时兼任中共龙泉关镇党委副书记，自从省能源局委派其到骆驼湾村驻村开展扶贫工作以来，兢兢业业，把"阜平不富非好汉"作为铮铮誓言，一心扑在扶贫工作中，协调争取 50 万元项目启动资金，帮助骆驼湾村成立第一家村集体企业——阜平县骆驼湾实业发展有限公司，发展集体经济，实现共同富裕。

负责信息收集、宣传和基础数据的整理工作。

本届驻村工作组自 2018 年上半年驻村以来，第一时间入户走访，了解民情，组织开展暖心活动，经常到贫困户家中走访，时刻掌握其生活状态，有问题随时帮助解决。驻村后把党建扶贫工作作为第一件大事来抓，加强支部建设，组织党员干部加强政治学习，提升党员素质，以学促干。工作组驻村以来明确村"两委"成员责任分工，帮助"两委"对国考和省考中发现的问题进行整改，积极与"两委"制定谋划发展规划和帮扶项目。帮助骆驼湾村因地制宜确定产业发展方向，制定了以旅游发展为龙头、特色种养殖和光伏发展等项目统筹推进的产业发展规划。

在具体的产业扶持方面，工作组利用各方面关系，联系了省旅投、中燃集团等多个企业到村实地考察对接，争取企业捐助资金 50 万元、光伏树两棵，并与衡水铁路学校签订了用工和技术培训协议。而且利用捐助资金注册成立骆驼湾村第一家村集体企业——阜平县骆驼湾实业发展有限公司。利用公司承包原村民酒店一家（现骆驼湾大酒店），发展旅游，吸引更多投资企业来骆驼湾投资，同时带动了周边农家院的发展。此外，还打造骆驼湾黑猪肉品牌。公司成立后收购散养黑猪 70 多头，规范散养，着力打造骆驼湾散养黑猪肉。

二 村民自身努力

在外界的帮扶下，骆驼湾村现在已经朝向小康的目标迈进，骆驼湾脱贫成功和村民的自身努力分不开。骆驼湾村村民孙振泽已经 70 岁了，在农村，这个年纪的老人，大多数已不再劳动干活了，但骆驼湾村的改变使孙振泽重新走向了创业致富的道路。之前，老孙陪着患精神病的妻子，种二亩田，打几天工，日子过得艰难。为了还债，他试种苹果，因管理不善，险些又赔本。有一年春节，孙子来拜年，10 元压岁钱他都拿不出来。自总书记来过骆驼湾之后，骆驼湾的村民对脱贫致富充满了干劲，在孙振泽看来，"新时代要有新思想，奔小康是干出来的，不能光喊口号，国家有这么好的扶持政策，我再不干对不起自己的良心"。孙振泽家有六亩地，现在每年仅土地租金收入就有 6000 元，他在果园打工 1 年还有上万元收入。虽然已经脱贫了，但是他不满足于拿着土地流转收入和在村里打工的生活，借力骆驼湾村打造美丽乡村、发展旅游业这一东风，孙振泽在扶贫资金的扶持下盖了一个上下两层共八间屋的房子，开起了农家乐。

像孙振泽这样的老人重新走向创业致富道路的在骆驼湾不在少数，看到家乡翻天覆地的变化，一些在外打工的年轻人也纷纷返乡创业，在北京打工的任二红就是其中一位。1977 年出生的任二红，小时候看到的骆驼湾村是家家户户土坯房，窗户上糊着报纸，后来改成塑料布，风一吹，呼呼直响，冬天更是难熬，屋里冰凉冰凉的。初中毕业后，任二红入伍当兵，2000 年从军队复员后到北京打工，主要工作是暖气维修等，尽管工资不高在北京买不起房子，但感觉还是比回骆驼湾村要好得多，因为骆驼湾村各种环境条件太差，单靠个人努力根本无法致富。2012 年底习近平总书记来骆驼湾村视察后，骆驼湾村展开了扶贫攻坚战，政策资金支持纷至沓来，很多年轻人想到了回家创业。任二红认为，美丽乡村建设使这里的基础设施和大城市一样了，在北京买不起房子，家里老人也没人照顾，未来骆驼湾发展旅游业，赚钱机会也挺多。2015 年 5 月任二红把北京的工作交接好，回到了骆驼湾村创业。2017 年 5月 1 日，任二红家的农家乐开张，成为美丽乡村建设之后村里开的第一个农家乐"六号院客栈"，该农家乐一共上下两层，建筑面积 300 平方米左右，能住宿的房间有 6 间，都有独立卫生间，通了上下水，厢房设置了厨房、餐厅。任二红总共花了 10 多万元，占全部建设资金的 1/3 左右，其他都是财政资金补贴。2017 年任二红家的农家乐营业到10 月底，半年时间里，净收入 4 万元，这比他在北京打工收入要多一些。

截至 2018 年 12 月，大约有 100 名年轻人回村创业，他们有的筹划开餐馆，有的搞特色养殖，有的做电子商务，有的开农家乐。

第二节　山区综合开发与"三变改革"相结合

2013 年以来，阜平县立足资源优势，把推进荒山整治开发作为加快脱贫致富建小康的战略突破口，利用"占补平衡"政策，采取"政府＋企业＋村委会＋农户"的模式，进行高标准有序整治开发。一是政府统筹主导。政府积极做好编制整治规划、制定推进方案、实施立项审批、引进龙头企业、监管企业运作经营等方面工作。二是企业开发经营。引进龙头企业做好市场化运作、高标准整治土地、发展高效农业、保障农民权益等方面工作。三是村级组织推动。村"两委"主要是做好荒山土地流转、协调群众、监督企业经营、落实收益分红等方面工作。四是农户合作参与。农户层面主要是转让荒山经营权、实现资源变资本、入股参与分红、务工增加收入。

通过荒山整治，一方面，农民可获得流转底金、股份分红、林下经济、项目区务工等多项收入，人均增收 2 万元左右；另一方面，还可通过占补平衡指标流转增加县级财力，用于基础设施、重大项目、民生保障建设等。而且，通过整治开发可提高森林覆盖率，生态效益明显。另外，农民离地不失地，农民变股民，从低效的土地生产中解放出来，有利于提高农业劳动生产率，促进了农村城镇化建设。

第三节　开发式扶贫和精准式扶贫同步进行

骆驼湾村是典型山区贫困村，交通闭塞，资源缺乏，其摆脱贫困需要全方位解决限制经济发展的因素，这需要一个一揽子的开发扶贫方案，其中，最重要的是改善基础设施和公共服务，为此，阜平县把骆驼湾纳入了龙泉关镇总体旅游开发规划中来，通过短短的五年建设完全改善了骆驼湾村的基础设施和公共服务。与此同时，骆驼湾村开始了精准扶贫，通过"五个一批"把资源投向精准识别出的贫困户，这样的好处是，一方面开发性扶贫解决了制约骆驼湾村整村脱贫的条件因素，另一方面精准扶贫解决了贫困户的能力贫困问题，缩小了贫困户与社会发展之间的差距。

最近两年，骆驼湾村因地制宜进行"三变改革"^①成立农村股份合作公司，实行以土地经营权和农村宅基地使用权转化为公司股份为核心内容的入股新模式，实行规范化运作，根据实际和市场需求制定长远发展规划和发展战略，把土地资源、旅游资源和人力资源重新整合，由集体统一进行规划经营，让群众实现多渠道增收，使村民真正得到实惠，达到共同富裕，促进全村全面发展。

---

① "资源变股权、资金变股金、农民变股民"，农村"三变改革"是指通过市场化运作方式，深入开展农村资源变资产、资金变股金、农民变股东等三项改革，将农村集体、农民的"死资源"变为"活资产"，让村集体和农民群众享受到入股分红收益，进一步增加农民经济收入，切切实实让农民富起来，简称"三变改革"。

第四节　户脱贫和村小康建设统筹规划

在脱贫的过程中，骆驼湾村高标准统筹规划村小康和户脱贫，整体提升村内基础设施建设并进行主导产业培育，同时针对贫困户一户一策，这样既从面上又从点上保证了最大限度的脱贫进程。

一　村小康措施

（1）加大基础设施建设。按照美丽乡村建设的要求，结合骆驼湾村实际，改造提升村庄整体面貌，加快饮水安全配套设施建设和特色农业节水灌溉、防洪水渠坝整修、河道整修；硬化进村路、村内互通路和产业基地路；推进骆驼湾、瓦窑两个人口聚集村光纤建设，建立电子商务扶贫网点；推进所有自然村4G网信号全覆盖；完善农村书屋，修建文化广场；完成村内电网改造、电力增容，对接供电服务机构。

（2）培育主导产业。坚持多点支撑、长短结合，重点发展种植业、食用菌产业、旅游业、光伏扶贫产业等脱贫项目，谋划推进一批具有特色、带动脱贫、长期稳定的增收项目。一是着力打造以旅游为主的龙头产业，着力打造骆驼湾民俗旅游和藏粮沟自然村落旅游区、辽道背自然风景旅游区。二是着力打造高山地区的林果品牌，实现品牌效应，对产地进行无公害认证。三是进一步延伸食用菌深加工产业链条和品牌，提高产品附加值。四是谋划家庭式手工艺加工企业。诸如编织、绣花等具有浓厚山区特色的产品。五是发展中草药种植产业。利用现有的中草药资源，依托中草药合作社，发展林下中草药种植。六是在驻村工作组的帮助下大力发展阜平县骆驼湾实业发展有限公司，壮大村集体经济。七是发展特色种养殖，主要是野玫瑰的种植和冷水鱼养殖；同时，与具备条件的养殖户联手，打造骆驼湾牌黑猪肉。八是在驻村工作组的帮助下建成拥有约 30 棵的光伏树群，每年可为村集体提供约 30 万元的收入。

二　农户脱贫措施

（1）实施产业扶贫。因地制宜、因户施策，大力发展林果种植、食用菌种植、扶贫光伏电站等富民产业，用足用好产业扶持、金融扶贫、光伏发电等扶贫政策，多方式多渠道促进全面增收。

（2）实施住房条件改善。一是强力推进易地扶贫搬迁。二是大力实施村庄改造提升。民居改造由中国乡建院统一规划，按照本地传统民居特色，结合户主意愿逐户设计施工。

（3）实施教育扶贫。将建档立卡贫困生 2 户 2 人（均为初中）全部纳入救助范围，确保不让贫困生因贫辍学。

（4）实施健康扶贫。推进落实农村大病患者及住院再补偿、农村 60 岁以上参保人员县内住院合规医疗费用

100%报销和农村重特大疾病医疗救助等政策机制。鼓励和引导群众自觉主动参保，落实贫困人口参合政府100%补偿政策，继续落实村集体经济收入缴纳基本医疗保险费用政策，确保贫困人口城乡居民基本医疗保险参保率达到100%。对贫困户实行签约医疗服务，加强对大病慢性病患者的医疗服务。

（5）实施兜底保障。在落实好全村3户6人低保贫困户和1户1人五保贫困户的救助政策的同时，结合驻村工作队、帮扶责任人及社会爱心团体等做好日常生活的帮扶救助工作。实行特困人员群体的动态管理，确保及时将符合条件的特困人员依规纳入兜底保障范围。

第七章

骆驼湾村脱贫进程中的问题及建议

骆驼湾村的脱贫过程并非一帆风顺，其在推进的过程中也遇到种种问题，而且有些问题还继续存在。这些问题包括：村民的自身发展能力不足、县域经济发展带动力不强、产业项目和市场存在距离、扶贫社会力量参与程度低等，每个问题长期来看都有可能把骆驼湾村重新带入贫困。因此，针对这些问题，本章给出了一些建设性意见，在提升村民自身发展能力、产业项目和市场接轨、自然保护区政策要因地制宜等方面，骆驼湾村应该做出适当调整，以更有利于脱贫成果的巩固。

第一节　脱贫中存在的问题

一　村民自身发展能力不足

如果不是精准扶贫战略的实行，骆驼湾村基本上是空心村，会随着时间的推移而逐渐消失，精准扶贫战略使骆驼湾村由于各种资源的进入暂时避免了衰败和消失的命运，但多年累积的问题即人口的减少尤其是劳动力的短缺依然是骆驼湾村发展的最主要的问题。骆驼湾村目前劳动力依然短缺，60~65 岁的留守男性为在村干活的"年轻人"和主力，留守妇女也多在 60 岁以上，村内只有 4 个在校生，其中幼儿园 2 名、一年级 1 名、二年级 1 名，而且村庄人口整体上受教育程度低。一是文化程度低，骆驼湾村 573 口人中，文盲 30 人，占 5.2%，初中（含初中）以下文化程度的 484 人，占 84.5%；高中（含高中）以上文化程度为 59 人，只占 10.3%。二是科技知识较少。骆驼湾村属于山区，远离市区，人们接受科学技术的渠道不通畅，尽管美丽乡村建设后，外界通往村内的路网比较便利，但村民的文化程度低，制约了村民对外界的认识，村民还是在传统的认识中去生活，掌握科技知识水平有限，不能将现有的科学技术知识转化为生产力。三是竞争能力较差。由于骆驼湾村长期闭塞，村民的惰性观念还存在，认为扶贫是政府的事情，和自己无关，不能够适应市场经济体制的要求，而且扶贫主要由政府主导，更多的是政府行为，这和市场经济下的竞争还有区别，很难培养出当地村民的市场竞争意识。

村民的自我发展能力不足。尽管村民的收入水平随着扶贫工作的开展而不断提高，村民也实现了整体脱贫，但骆驼湾村的贫困问题正在由绝对贫困向相对贫困转变，村民的收入差距正在扩大。一是政府扶贫资源分配不均，造就了一批脱贫富人。由于骆驼湾村的特殊性，社会捐款比较多，这些捐款的流向有待进一步公开透明。二是骆驼湾村的可持续发展能力有待时间的验证。目前骆驼湾村的脱贫成功主要是靠外部的输血造就的，尽管骆驼湾村形成了自己的主导产业，村民也有了工作，一切扶贫项目都有序进行，但总体上来看，外界还是持续不断地在输血，包括项目的主导、产业的主导都是外来的人员，不是由村民中自发产生的脱贫能手来带领村民发展。三是新生力量不足。尽管有些年轻人也返乡创业，但毕竟年轻人是少数，低生育率造成了骆驼湾村未富先老，由一群年龄过大的村民来继续走向奔小康道路比较困难，大部分村民由于年龄大，不仅缺乏对市场做出判断的能力，而且缺乏主动性，对政府依赖强烈，再加上现在的体制原因，扶贫方式一般是自上而下，为了保证完成扶贫任务，各级政府层层签订责任状，往往采取强制措施，一些项目有可能脱离村情，也没有征求贫困户的意见。

二 县域经济发展带动力不强

阜平县是国家贫困县，阜平县的贫困特点是贫困范围广、贫困程度深、发展基础弱。骆驼湾村属于阜平县比较典型的贫困村庄，尽管由于大强度的投入目前已经实现了脱贫，但周围的村庄还是贫困村，贫困的大环境依然没有改变，返贫的压力依然存在。自 2013 年阜平县被确定为扶贫攻坚试点县以来，阜平县大力发展经济，但从县域经济运行态势看，最近三年阜平的国内生产总值、固定投资额、规模以上工业增加值等主要经济指标增速逐渐趋缓。产业结构上农业种植业依然是主要产业，并且附加值不高。能够支撑县域经济的特色产业和重大项目尚未孵化。此外，县城建成区面积狭小，对周边乡镇的辐射力比较弱。更重要的是，阜平作为全国在扶贫、产业、国土等多个领域的试验区，虽然在农民增收、金融扶贫、土地整治、乡村建设等方面提供了许多有价值的经验，但从更长时间维度看，阜平还尚未形成一个基于山区县域和自身禀赋的成熟的县域发展模式，包括产业的塑造、升级和结构调整，总体来说还比较传统，也远未"率先走出一条经济社会生态效益同步提升的发展新路"。简而言之，阜平治贫有力，但发展依然维艰。

三 产业项目和市场存在距离

目前来看，骆驼湾村的扶贫产业项目很多是政府主导，尽管有企业参与但参与的企业一般是国企或集体经济组织，社会资本和工商资本参与程度低。

骆驼湾村地域广阔、自然资源秀美，按照县、镇统一旅游发展规划，着力打造骆驼湾民俗旅游和藏粮沟自然村落旅游区、辽道背自然风景旅游区，争取建成全省脱贫攻坚教育基地，并积极争取申报国家公园。但旅游产业缺乏高品位的旅游资源，尽管骆驼湾村位于阜平深山区，拥有山、水、林、田、村等丰富的旅游资源，易于开发农村、农业、民俗文化、生态观光、山地休闲等旅游项目，而且地处晋冀交界处，紧邻382省道，两小时可达保定市区，距离省会石家庄约150公里，道路交通网络发达，区位条件优越，但骆驼湾村旅游资源缺乏高品位的旅游资源单体，自身资源在吸引力、影响力方面与知名同类旅游资源还有明显的差距。

此外，骆驼湾村的旅游资源还处于开发的初级阶段，尽管通过美丽乡村建设，部分村庄环境得到了改善，但与旅游要素要求相去甚远，山地内部交通开发不足，而且虽然高速公路通过但没有出口环路，乡村旅游还需进一步努力。

就菌类种植来说，整体附加值不高，没有形成自己的品牌，品牌溢价能力有限，而且全国很多地区扶贫都瞄准了菌类种植，未来菌类市场饱和趋势难以改变，市场风险的冲击，有可能使一部分贷款的菌类种植户破产。

四 扶贫社会力量参与程度低

骆驼湾村脱贫中扶贫主体始终是政府，尽管也有企业参与，但都是在政府牵线搭桥给予一定的政策优惠的前提下才过来的。在这种政府主导的扶贫中，社会主体很难有效地参与到扶贫开发中。而且由于骆驼湾村的特殊性，接受的捐款太多，无偿的扶贫帮助太多，这就造成了骆驼湾村从一开始就排斥市场机制，排斥市场主体参与进来共同进行扶贫开发。这样的结果是，政府扶贫虽然一时能使骆驼湾村快速地脱贫，但由于骆驼湾村自身能力不足，不管是其村民的观念还是其经济结构都和市场经济体制脱节，骆驼湾村很难形成造血功能，如果外界的扶贫环境发生改变，骆驼湾村自身能否适应变幻莫测的市场可能是一个难题。

五　保护区政策要求限制

整个龙泉关镇划为银河山自然保护区，我国《自然保护区条例》规定，"自然保护区核心区、缓冲区严格禁止各类人类活动和开发建设项目""禁止任何人进入自然保护区的核心区"。《自然保护区条例》和相关管理规定，不仅严格禁止任何资源开发、建设项目等不利于自然保护区健康发展的活动，也不适合开展公路、农田水利、卫生医疗等基础设施建设；同时，不允许在自然保护区范围内发展大规模农业种植和养殖业。因此，骆驼湾村如何既要进行经济发展，又要坚持自然保护区保护优先的基本原则，这是一个难题。例如骆驼湾村想发展养殖、光伏等见效快的项目，但保护区内不能建设。

第二节 脱贫的巩固建议

一 提升村民自身发展能力

要出台一系列的优惠政策吸引年轻人返乡创业，也要吸引一些城镇人员下乡创业，没有年轻人和高素质的劳动力，现在美丽乡村建设再好也后继乏力，不仅要吸引年轻人返乡而且要全面提升村民自身发展能力。目前骆驼湾村虽然已经实现了全部脱贫，但这只是从经济效益上来说的脱贫，随着村民生活水平的提高，最低生活保障制度的完善，扶贫的目标应该从"两不愁、三保障"转变为多样化的收入提高和自身能力的提高，由解决贫困问题转变到实现小康进而实现村民的共同富裕，并把促进村民的自身能力发展作为长期的发展目标来实现。

要提升村民的自身发展能力。扶贫要从扶智抓起，防止贫穷的代际传递，将扶贫的重点从经济扶贫转移到人力资本开发上来，完成输血到造血的转变，激发贫困户的自我脱贫致富的意愿，实现脱贫的稳定性、可持续性。注重贫困家庭的优生优育，避免因为先天性疾病导致的贫困，提高对人口素质的重视程度，加大教育扶贫力度，通过各种措施吸引人才来村内任职施教，妥善地处理学前教育、义务教育和职业教育的关系，落实好国家教育资助政策，使贫困家庭的孩子有均等的接受教育的权利，使当地村民转变上学无用的观念，加大教育投资。

二　产业项目要和市场接轨

产业项目必须和市场接轨。目前骆驼湾村的产业扶贫项目中政府参与太多，现阶段来看这是非常必要的，部分企业为了扶贫并没有盈利，政府的支持避免了项目的倒闭，但这不是长久之计，这些产业项目必须走向市场才能生存，所以要做好产业项目和市场的衔接工作。

以旅游产业为例，首先，骆驼湾村旅游的目标市场要超出河北省。骆驼湾村方圆百里之内大多是贫困村，骆驼湾属于太行山—燕山深处的片区贫困村，方圆百里之内的客户群不可能给骆驼湾村的旅游带来源源不断的收益，因为他们都很穷。因此骆驼湾村的旅游目标市场要瞄准全国。

其次，要提升旅游的交通路线。尽管骆驼湾村有高速公路通过，通往山西的国道也路过龙泉关，但一个重要的问题是，这些通道是山西通往东部的能源通道，运煤重型车辆太多，动辄堵车十几公里，不管是高速公路还是国道，运煤车辆整日整夜如流水一样来回行驶。这不仅造成了路面污染，而且造成了道路拥堵，一般外地驾车游客有了一次拥堵经历就不会有下一次的光顾。因此，要想吸引外地游客必须从旅游专线上下功夫，开发通往外界的新的旅游专线，让游客以舒适的心情来旅游。

最后，要吸引五台山的游客。五台山旅游品牌已经形成，其游客来自全国，由于骆驼湾的辽道背旅游景点和五台山邻近，可以和五台山旅游产品捆绑销售，形成自然旅游资源与历史文化旅游资源的结合。要打造自己的旅游品牌，五台山的文化品牌已经形成，骆驼湾村旅游很难从文化品牌上开发出与五台山相匹敌的旅游产品，可以大力开发娱乐旅游、养老休假旅游等。最重要的是要开通五台山到骆驼湾村的旅游专线，提升旅游设施，便利游客的到来。可以考虑和五台山的旅游开发公司共同开发骆驼湾村的旅游资源。

三　保护区的政策要因地制宜

骆驼湾地处银河山自然保护区，在产业发展上有很大的制约性。保护区的政策要因地制宜，考虑到骆驼湾村农户分散居住的特点，建议优先将保护区核心区、缓冲区范围内的农户迁出。对于迁出核心区、缓冲区的农户要集中解决迁出人口搬迁安置点。对于瓦窑、骆驼湾等自然村人口多的保护区，可以考虑在不违背保护区相关规定的前提下，指导发展传统农业并控制规模，禁止使用农药、化肥，优先对保护区内绿色农产品和地理标识产品进行认证。同时，依托自然保护区的良好生态环境发展对环境友好的脱贫产业。

四　教育基地和旅游休闲结合

骆驼湾的总体发展规划是打造扶贫攻坚教育基地，发展旅游业，但现在可留住游客脚步的项目较少，如何能留住游客的脚步，需要在休闲项目上下功夫。要积极引进企业投资发展民俗旅游和生态旅游。主要发扬当地的传统文化，骆驼湾有浓厚的"关"文化，辽代有四品武将把守，历史上好几代帝王将相都路过骆驼湾村，而且留下了一些传说，长城的雄关文化加上当地古代御道文化使骆驼湾具备独特的旅游资源。如何把这些历史文化元素发扬出来吸引游客，这是骆驼湾村旅游业的一大亮点。此外，骆驼湾村自然环境优美，有丰富的原始森林旅游资源，而且当地的山涧水资源丰富，可以考虑发展休闲旅游，真正实现绿水青山就是金山银山。

附 录

在河北省阜平县考察扶贫开发工作时的讲话

　　我这次来的目的，就是慰问革命老区群众。阜平地处太行山深处，是著名的革命老区，属于燕山—太行山集中连片特殊困难地区，很有代表性。一直想找个机会过来看望一下乡亲们，了解困难群众生产生活情况，同大家一起商量脱贫致富之策。要看就要真看，看真贫，通过典型了解贫困地区真实情况，窥一斑而见全豹。这有利于正确决策。本来很贫困，却粉饰太平，结果只会把事情办糟。有的地方贫困，原因是多方面的，不等于工作没做好，大家不要有顾虑。

　　来之前看了有关材料，刚才听了你们的工作汇报，对阜平的历史沿革、基本县情、经济社会发展情况有了一个全面了解。近年来，你们在经济发展、民生改善、社会管理、生态旅游、扶贫开发以及基层党建工作等各个方面都取得了新的进步。你们常年工作生活在这里，条件相对艰苦，工作十分辛苦，为改变阜平面貌做了大量工作，付出很大努力。在此，我向你们并通过你们，向全县 21 万干部群众，表示诚挚的问候！

　　阜平是一个拥有光荣革命历史的地方，是我党我军历史上创建的第一块敌后抗日根据地——晋察冀根据地的首府，是晋察冀边区政治、军事、文化中心。聂荣臻元帅等老一辈革命家曾在这里战斗和生活了 11 年。1948 年 4 月，毛主席率领中央机关从陕北来到阜平的城南庄，在这里召开中央书记处扩大会议，调整南线战略，为三大战役胜利奠定了坚实基础。阜平和阜平人民为中国革命胜利做出了重要贡献，党和人民永远不会忘记。

我对聂帅怀有深厚感情。我上的小学——北京八一小学，前身就是设在阜平县城南庄的荣臻小学，后来从阜平迁到北京。聂帅对阜平非常关心，他讲过，阜平不富，死不瞑目。说到阜平老百姓生活依然贫困，聂帅掉了眼泪。我在福州工作时就知道这个情况。所以，我脑子里对阜平有很深印象，从小就有印象，这是我对阜平革命老区的一个情结。

这些年来，河北也好，保定也好，阜平也好，在积极推进扶贫开发方面做了大量工作，取得很大成绩。这是值得肯定的。由于自然条件不好，交通不方便，生产生活条件与平原地区相差不少，阜平现在还比较贫困。从县里提供的材料看，阜平全县 21 万人口中，扶贫对象有 9 万人，比例较高，扶贫开发任务仍十分艰巨。到 2020 年全面建成小康社会，自然要包括农村的全面小康，也必须包括革命老区、贫困地区的全面小康。所以，党中央特别关心革命老区、贫困地区发展。

改革开放 30 多年来，我国经济社会发展取得很大成就，人民生活水平总体上发生很大变化，与过去不能同日而语了。同时，我们也要清醒地看到，我国还处在社会主义初级阶段，由于我们国家大，各地发展条件不同，我国还有为数不少的困难群众。按照人均年收入 2300 元的国家扶贫标准，全国农村扶贫对象还有 1.2 亿多人。我们在国际场合说我国是发展中国家，所承担的国际义务要适当，就是这个道理。城镇各类困难群众也为数不少。怎样支持和帮助他们过上好日子，是我经常想的一个问题。消除贫困、改善民生、实现共同富裕，是社会主义的本质要求。现在，我国大部分群众生活水平有了很大提高，出现了中等收入群体，也出现了高收入群体，但还存在大量低收入群众。真正要帮助的，还是低收入群众。平均数会掩盖差距。我离开浙江时，2006年城镇居民人均可支配收入达到18200多元，农村居民人均纯收入也达到7300多元，但平均数线下的在40%以上，不少人没有达到平均数。对各类困难群众，我们要格外关注、格外关爱、格外关心，时刻把他们的安危冷暖放在心上，关心他们的疾苦，千方百计帮助他们排忧解难。郑板桥有一首诗写道："衙斋卧听萧萧竹，疑是民间疾苦声。些小吾曹州县吏，一枝一叶总关情。"我们共产党人对人民群众的疾苦更要有这样的情怀，要有仁爱之心、关爱之心，更多关注困难群众，不断提高全体人民生活水平。

全面建成小康社会，最艰巨最繁重的任务在农村，特别是在贫困地区。没有农村的小康，特别是没有贫困地区的小康，就没有全面建成小康社会。大家要深刻理解这句话的含义。因此，要提高对做好扶贫开发工作重要性的认识，增强做好扶贫开发工作的责任感和使命感。

中央对扶贫开发工作高度重视，党的十八大以及最近召开的中央经济工作会议和中央农村工作会议，都对扶贫开发工作提出了明确要求。去年，中央召开了中央扶贫开发工作会议，部署了新的 10 年扶贫开发工作，出台了一系列扶持贫困地区加快发展的政策措施。深入推进扶贫开发，帮助困难群众特别是革命老区、贫困山区困难群众早日脱贫致富，到 2020 年稳定实现扶贫对象不愁吃、不愁穿，保障其义务教育、基本医疗、住房，是中央确定的目标。我们要加大投入力度，把集中连片特殊困难地区作为主战场，把稳定解决扶贫对象温饱、尽快实现脱贫致富作为首要任务，坚持政府主导，坚持统筹发展，注重增强扶贫对象和贫困地区自我发展能力，注重解决制约发展的突出问题，努力推动贫困地区经济社会加快发展。

从阜平情况看，深入推进扶贫开发，打好扶贫攻坚战，有很多工作可做，县里有不少思路，总的都很好，要抓好落实，有些思路还要深入探讨。这里，我强调两点。

一是要坚定信心。只要有信心，黄土变成金。贫困地区尽管自然条件差、基础设施落后、发展水平较低，但也有各自的有利条件和优势。只要立足有利条件和优势，用好国家扶贫开发资金，吸引社会资金参与扶贫开发，充分调动广大干部群众的积极性，树立脱贫致富、加快发展的坚定信心，发扬自力更生、艰苦奋斗精神，坚持苦干实干，就一定能改变面貌。

二是要找对路子。推进扶贫开发、推动经济社会发展，首先要有一个好思路、好路子。要坚持从实际出发，因地制宜，厘清思路、完善规划、找准突破口。比如，阜平有 300 多万亩山场，森林覆盖率、植被覆盖率比较高，适合发展林果业、种植业、畜牧业；有晋察冀边区革命纪念馆和天生桥瀑布群这样的景区，离北京、天津这样的大城市都不算远，又北靠五台山、南临西柏坡，发展旅游业大有潜力。要做到宜农则农、宜林则林、宜牧则牧、宜开发生态旅游则搞生态旅游，真正把自身比较优势发挥好，使贫困地区发展扎实建立在自身有利条件的基础之上。

贫困地区发展要靠内生动力，如果凭空救济出一个新村，简单改变村容村貌，内在活力不行，劳动力不能回流，没有经济上的持续来源，这个地方下一步发展还是有问题。一个地方必须有产业，有劳动力，内外结合才能发展。最后还是要能养活自己啊！有的地方实在是穷山恶水，可以整体搬迁，也可以分散移民，但一定要选好搬迁和移民的地点。

关于发展革命根据地旅游项目，要把握好两个概念。红色根据地，爱国主义教育，这是一个概念。发展红色旅游，是另一个概念。两方面要统筹。建红色纪念设施要恰当，不要贪大求洋，不要搞一堆同红色纪念毫不相干的东西，甚至是影响红色纪念发挥作用的东西。红色纪念设施不要搞得太形式化，太形式化反而把原来的意义给破坏了。本来是一个革命的、艰苦的地方，结果搞得富丽堂皇、规模宏大，反而把内在精神弄没了。一些地方报上来的红色纪念项目，规模达到几万、十几万平方米，就大而不当了。有的地方过去的小屋就十几平方米，现在要建几万、十几万平方米的纪念馆，不恰当。西柏坡就是那么一个小村子，千万不能搞成一个大游乐场，否则就不符合"两个务必"了，就不是艰苦奋斗的象征了。怎么宣传？

怎么教育？原则是要体现应有功能，够用就行了。关于发展红色旅游，指导思想要正确，旅游设施建设要同红色纪念设施相得益彰，要接红色纪念的地气，不能搞成一个大游乐场，要不就离红色纪念场所远一点，两者不要混在一起。有了一些钱，该怎么花？是把县城搞得很漂亮还是投向农村，是搞楼堂馆所、花花草草还是为农民群众排忧解难，也要好好思量。还是应该用来改善人民生活。

做好扶贫开发工作，支持困难群众脱贫致富，帮助他们排忧解难，使发展成果更多更公平惠及人民，是我们党坚持全心全意为人民服务根本宗旨的重要体现，也是党和政府的重大职责。各级党委和政府要高度重视扶贫开发工作，把扶贫开发列入重要议事日程，把帮助困难群众特别是革命老区、贫困地区的困难群众脱贫致富列入重要议事日程，摆在更加突出的位置，要有计划、有资金、有目标、有措施、有检查，切实把扶贫开发工作抓紧抓实，不断抓出成效。各级财政要加大对扶贫开发的支持力度，形成有利于贫困地区和扶贫对象加快发展的扶贫战略和政策体系。各项扶持政策要进一步向革命老区、贫困地区倾斜，国家大型项目、重点工程、新兴产业在符合条件的情况下优先向贫困地区安排，引导劳动密集型产业向贫困地区转移。扶贫要扶志，有志气、自力更生很重要啊！要大力弘扬中华民族扶贫济困的优良传统，凝聚全党全社会力量，形成扶贫开发工作强大合力。

我们看了骆驼湾村、顾家台村的村容村貌，看望了几户困难家庭，看到老区一些乡亲尚未摆脱贫困，生活还比较困难，心情是沉重的。乡亲们太好了，纯朴热情，对党的感情特别深。老区人民提要求，也不算过分。尽管生活还有很多困难，但乡亲们说的都是生活一年比一年好，没有什么要求。乡亲们心里只念着党和政府好，我很受感动。我们一定要想方设法、群策群力，尽快让乡亲们过上好日子。我们在中央工作的同志要关心和支持乡亲们发展生产、改善生活，各级党委和政府也要关心和支持乡亲们发展生产、改善生活，大家一起来努力，让乡亲们都能快点脱贫致富奔小康。

农村要发展，农民要致富，关键靠支部。这些年来，骆驼湾村党支部和你们顾家台村党支部坚持把联系服务乡亲、做乡亲工作作为核心任务和基本职责，为乡亲们力所能及办了一些实事、好事。农村基层的同志，工作在第一线，条件也不好，一年到头操劳得很，很辛苦，很不容易，我向你们表示诚挚的慰问！

希望大家再接再厉，在上级党委和政府帮助和支持下，通过深入开展服务型党组织创建活动，通过加强自身建设，把管理寓于服务之中，增强村党组织联系群众、服务群众、凝聚群众、造福群众的功能，真正发挥战斗堡垒作用，成为带领乡亲们脱贫致富奔小康的主心骨、领路人。

第一，要原原本本把政策落实好。中央高度重视"三农"工作，这些年来每年中央1号文件都是关于"三农"工作的，现在中央有一系列强农惠农富农政策和扶贫开发政策，这些政策要一丝不苟、毫不走样地落实到基层，政策的好处要全部落实到基层、落实到每一个农民。你们党支部和村委会的干部，生活在乡亲们中间，生产在乡亲们中间，整天同乡亲们打交道，党和政府的好政策能不能落到实处，你们的工作很关键。要把党和政府的扶贫开发政策、支持农业农村发展的政策、支持农民增收的政策原原本本传递给乡亲们，让乡亲们了解党和政府的政策，真正享受到政策的好处，一起来落实好政策。你们的工作做好了、做扎实了，我在中央的工作就有了坚实基础，我们也就放心了。

第二，要真真实实把情况摸清楚。做好基层工作，关键是要做到情况明。情况搞清楚了，才能把工作做到家、做到位。大家心里要有一本账，要做明白人。要思考我们这个地方穷在哪里？为什么穷？有哪些优势？哪些自力更生可以完成？哪些需要依靠上面帮助和支持才能完成？要搞好规划，扬长避短，不要眉毛胡子一把抓。帮助困难乡亲脱贫致富要有针对性，要一家一户摸情况，张家长、李家短都要做到心中有数。对乡亲们生产生活中的困难和问题，村子里能解决的就尽快解决，不能解决的及时向上级部门和有关方面反映，大家一起来想办法。

第三，要扎扎实实把支部建设好。农村基层党组织是党在农村全部工作和战斗力的基础，是贯彻落实党的扶贫开发工作部署的战斗堡垒。抓好党建促扶贫，是贫困地区脱贫致富的重要经验。要把扶贫开发同基层组织建设有机结合起来，抓好以村党组织为核心的村级组织配套建设，把基层党组织建设成为带领乡亲们脱贫致富、维护农村稳定的坚强领导核心，发展经济、改善民生，建设服务型党支部，寓管理于服务之中，真正发挥战斗堡垒作用。

第四，要切切实实把团结搞扎实。众人拾柴火焰高。兄弟同心，其利断金。团结就是力量。不团结，一个人本事再大，也办不成任何事情。要搞好支部一班人的团结，搞好村委会一班人的团结，搞好全村乡亲的团结，特别要搞好党支部和村委会成员的团结。要以党支部为核心，搞好各种基层组织建设，把它们组织好，形成整体合力。大家拧成一股绳，心往一处想，劲往一处使，汗往一处流，真正把乡亲们的事情办好。

对比较典型的贫困地区，怎样给予更加倾斜的政策，给予更大力度的支持？越是贫困的地方，越是拿不出配套资金，这样扶贫政策就很难落实，效果也不会好。这个问题要加以解决。农村危房改造，是不是就是刷刷粉、吊吊顶？当然，这里有资金有限问题。农村危房改造，要因地制宜，可以细化一点，要使房子整体上有些改观。作为一项重要民生工程，要作为一件实事摆在那里，哪怕一次改造量少点，但做一件是一件，让人看了确实觉得党和政府办得好。

我也了解到，去年以来，河北省在全省推行"基层组织建设年"活动，把干部下基层蹲点与扶贫脱困工作结合起来，既锻炼了干部作风，又帮助困难农村、困难群众解决了实际问题，效果是好的，受到了老百姓欢迎。我们看到顾家台村，在保定银行驻村干部对口帮扶下，发生了一些可喜变化。要坚持因地制宜、科学规划、分类指导、因势利导，能做什么就做什么，不要勉强搞一些东西，一定从实际出发，真正使老百姓得到实惠。在符合实事求是精神的前提下，贫困地区要优先安排，各级政府都要给予支持。希望你们坚持这些好做法，继续在促进农民增加收入上下功夫，在解决农民生产生活中的问题上下功夫，让农村生产不断发展起来，让农民腰包尽快鼓起来。希望驻村干部继续发扬不怕苦、不怕难的精神，向沈浩同志学习，宁肯自己多受累，也要让群众快脱贫，宁肯自己掉上几斤肉，也要让群众走上致富路。也希望现在还比较困难的乡亲们要有信心，在党和政府支持和帮助下，依靠自己的双手勤劳致富。

各级领导干部，特别是贫困问题较突出地区的各级党政主要负责同志，要认真履行领导职责，集中连片特殊困难地区领导同志的工作要重点放在扶贫开发上。"三农"工作是重中之重，革命老区、民族地区、边疆地区、贫困地区在"三农"工作中要把扶贫开发作为重中之重，这样才有重点。我们不缺豪言壮语，也不缺运动式的东西，关键是看有没有找对路子，有没有锲而不舍干下去。我们讲宗旨，讲了很多话，但说到底还是为人民服务这句话。我们党就是为人民服务的。中央的考虑，是要为人民做事。各级干部也不能眼睛总是向上。任何事情都要向上看看，向下看看。要经常问问自己，我们是不是在忙着与党的根本宗旨毫不相关的事情？有没有一心一意在为老百姓做事情？是不是在围绕党和国家中心任务而工作？古时候讲，食君之禄，忠君之事。现在就是要服务人民。多想想我们干的事情是不是党和人民需要我们干的？要一心一意为老百姓做事，心里装着困难群众，多做雪中送炭的工作，常去贫困地区走一走，常到贫困户家里坐一坐，常同困难群众聊一聊，多了解困难群众的期盼，多解决困难群众的问题，满怀热情为困难群众办事。各级干部要把工作重心下移，深入实际，深入基层，深入群众，认真研究扶贫开发面临的实际问题，创造性开展工作。

治贫先治愚。要把下一代的教育工作做好，特别是要注重山区贫困地区下一代的成长，下一代要过上好生活，首先要有文化，这样将来他们的发展就完全不同。义务教育一定要搞好，让孩子们受到好的教育，不要让孩子们输在起跑线上。古人有"家贫子读书"的传统。把贫困地区孩子培养出来，这才是根本的扶贫之策。

我看了一些材料，反映说 2012 年初，某省某县被确定为国家级贫困县，县政府网站上发布"特大喜讯"，热烈祝贺成功纳入国家集中连片特困地区。还有一个案例，说两个县争戴国家级贫困县帽子，落败的县长含着泪说，我们这次没有争取到贫困县的原因，是因为我们县真的太穷了。再有，有一个地方一直戴着国家扶贫开发工作重点县的帽子，其实 2005 年就进入全国百强县之列，2011 年因媒体曝光，国家级贫困县资格才被取消。据说，第十一届全国县域经济基本竞争力百强县、中国中部百强县、中国西部百强县评比榜单上，竟有 17 个国家级贫困县。对这种现象，有关部门要研究一下，该摘帽子的就要摘，不该戴就不要戴，没什么好照顾的！

我不满意，甚至愤怒的是，一些扶贫款项被各级截留，移作他用。扶贫款项移作他用，就像救灾款项移作他用一样，都是犯罪行为。还有骗取扶贫款的问题。对这些乱象，要及时发现、及时纠正，坚决反对、坚决杜绝。

要把贫困地区作为锻炼培养干部的重要基地，把带领群众脱贫致富作为考核干部的重要内容，对那些长期在贫困地区工作、实绩突出的干部要给予表彰并注重提拔使用。培养选拔任用干部，一定要有正确导向，要注重从基层选拔，从艰苦地区选拔，从经受过重大考验的干部中选拔，真正选出一批合格领导干部。要把有培养潜力的同志放到急难险重的环境中锻炼，让他们去挑担子，去完成艰巨复杂的任务，从而脱颖而出。

我相信，有革命老区群众不怕苦、不怕难的精神，有革命战争年代那样一股劲，在上级党组织和社会各方面帮助和支持下，革命老区一定能够完成脱贫致富的历史任务，让革命前辈含笑九泉，让他们的革命理想得以实现。

习近平（2012 年 12 月 29~30 日）

参考文献

习近平：《摆脱贫困》，福建人民出版社，2014。

习近平：《做焦裕禄式的县委书记》，中央文献出版社，2015。

蔡昉、万广华：《中国转轨时期收入差距与贫困》，社会科学文献出版社，2006。

杜晓山、宁爱照：《中国金融扶贫实践、成效及经验分析》，《海口投资与出口信贷》2017年第5期。

费孝通：《江村经济》，商务印书馆出版社，2001。

国家发展和改革委员会：《"十三五"脱贫攻坚规划》，人民出版社，2017。

国务院新闻办公室：《中国农村扶贫开发的新进展（白皮书）》，2011年11月。

国务院扶贫开发领导小组办公室：《脱贫攻坚典型案例选》，中国农业出版社，2016。

黄承伟：《中国扶贫开发道路研究：评述与展望》，《中国农业大学学报》（社会科学版）2016年第5期。

贾鹏、都阳、王美艳：《中国农村劳动力转移与减贫》，《劳动经济研究》2016年第6期。

李培林、魏后凯:《中国扶贫开发报告》,社会科学文献出版社,2016。

李培林、魏后凯、吴国宝:《中国扶贫开发报告(2017)》,社会科学文献出版社,2017。

李静、王月金:《健康与农民主观福祉的关系分析——基于全国 5 省(区)1000 个农户的调查》,《中国农村经济》2015 年第 10 期。

李鹏:《精准脱贫视阈下就业扶贫:政策回顾、问题诠释与实践探索》,《南都学坛》2017 年第 5 期。

李小勇:《能力贫困视域下中国农村开发式扶贫的困境与超越》,《理论导刊》2013 年第 2 期。

刘文璞、吴国宝:《地区经济增长与减缓贫困》,首都经贸大学出版社,2010。

刘雅静、张荣林:《我国农村合作医疗制度 60 年的变革及启示》,《山东大学学报》(哲学社会科学版)2010 年第 3 期。

汪三贵、殷浩栋、王瑜:《中国扶贫开发的实践、挑战与政策展望》,《华南师范大学学报》(社会科学版)2017 年第 4 期。

吴国宝:《改革开放 40 年中国农村扶贫开发的成就及经验》,《南京农业大学学报》2018 年第 6 期。

吴国宝等:《中国减贫与发展(1978~2018)》,社会科学文献出版社,2018。

吴国宝:《将乡村振兴战略融入脱贫攻坚之中》,光明网,2018 年 1 月 2 日。

檀学文、李静:《习近平精准扶贫思想实践深化研究》,《中国农村经济》2017 年第 9 期。

闫坤、于树一:《中国模式反贫困的理论框架与核心要素》,《华中师范大学学报》(人文社会科学版)2013年第6期。

杨宜勇、吴香雪:《中国扶贫问题的过去、现在和未来》,《中国人口科学》2016年第5期。

中共中央宣传部:《习近平总书记系列重要讲话读本》,人民出版社,2016。

中共中央党史和文献研究院:《习近平扶贫论述摘编》,中央文献出版社,2018。

后 记

2012 年 12 月 29 日，习近平总书记在担任中共中央总书记刚 44 天，就来到革命老区河北省阜平县骆驼湾村考察扶贫工作并在阜平发表了针对扶贫开发的重要讲话，从此，总书记开启了考察全国各地扶贫开发工作、提出精准扶贫重要论述的序幕，我国的扶贫开发也因此进入了一个新的历史阶段。

鉴于骆驼湾村在我国脱贫攻坚史上具有的特殊地位，中国社会科学院重大国情项目选择骆驼湾村作为调研点，并成立了课题组。课题组成员以实事求是的态度从 2016 年到 2019 年多次深入太行山中的骆驼湾村进行调研，力图向世人展示骆驼湾村脱贫攻坚的完整过程，并揭示贫困山区走向小康之路的经验和教训。

总书记到来之前的骆驼湾村土地贫瘠、交通闭塞、基础设施落后、劳动力缺乏、村民观念守旧、人均收入低下，全村共有 608 人，其中 428 人为贫困人口。如今的骆驼湾村已成为远近闻名的旅游胜地，古朴的新民宿、飘香的小食街随处可见，2018 年全村人均纯收入增至 6000 元。

本书主要从产业扶贫、美丽乡村建设脱贫、金融创新扶贫、医疗保障扶贫、社会兜底扶贫、教育扶贫等六个方面对骆驼湾村的脱贫历程进行了分析，并对骆驼湾村的开发式扶贫和精准扶贫的脱贫经验进行了总结，最后得出的结论是：只有把致贫的地理因素转变为致富因素才能从根本上保证村民致富。当然，一个贫困山村的沧海桑田式的巨变原因不可能在研究报告中穷尽，希望本书能抛砖引玉，使骆驼湾村的嬗变引起学界更广泛深入的研究和思考。

在调研的过程中，有一个问题一直在头脑中萦绕，就是开发式扶贫加精准扶贫使骆驼湾村的脱贫成果是暂时的还是稳定的？骆驼湾村的贫穷主要是由闭塞造成的，自给自足的山区自然经济使骆驼湾村近似与现代市场经济脱节，也和现代社会脱节，如今优质的基础设施建设和均等化的公共服务将骆驼湾村纳入了现代市场经济，使制约骆驼湾村发展的自然资源变成了旅游资源，吸引了大量的外来游客，骆驼湾村生产的农副产品也通过新修的公路运往全国各地，被现代市场经济边缘化的因素已经不复存在，因此，笔者认为骆驼湾村的脱贫致富奔小康具有稳定性和可持续性。当然，当一个村庄被纳入市场经济大潮中以后，也免不了受大的市场环境波动的影响，因此贫困农村在脱贫奔小康的路上可能不会一帆风顺。

课题组在骆驼湾村调研期间得到了驻村工作队的刘华格、黄文忠、唐超男的热心帮助，在此表示感谢！同时感谢骆驼湾村脱贫攻坚小组顾瑞利、任二红、杨玲玲等提供的骆驼湾村脱贫档案信息，也感谢骆驼湾村接受访问的热情的广大村民。此外，特别感谢河北省畜牧兽医研究所所长敦伟涛、阜平县扶贫办副主任耿利红、龙泉关镇党委书记刘俊亮等对调研工作给予的协调支持。

　　当然，本书的研究成果，还有许多不足和不尽如人意之处，我们将在未来的研究中不断加以完善，欢迎扶贫研究领域的同仁和扶贫工作实践中的同志们提出意见。

王月金　李静

2019 年 11 月

后
记

图书在版编目（CIP）数据

精准扶贫精准脱贫百村调研. 骆驼湾村卷：一个太
行山贫困农村的脱贫之路 / 王月金, 李静著. -- 北京：
社会科学文献出版社, 2020.6
ISBN 978-7-5201-5859-6

Ⅰ.①精…　Ⅱ.①王…②李…　Ⅲ.①农村-扶贫-
调查报告-阜平县　Ⅳ.①F323.8

中国版本图书馆CIP数据核字（2019）第279032号

·精准扶贫精准脱贫百村调研丛书·

精准扶贫精准脱贫百村调研·骆驼湾村卷
　　——一个太行山贫困农村的脱贫之路

著　　者 / 王月金　李　静

出 版 人 / 谢寿光
组稿编辑 / 邓泳红　陈　颖
责任编辑 / 张　超

出　　版 / 社会科学文献出版社·皮书出版分社（010）59367127
　　　　　地址：北京市北三环中路甲29号院华龙大厦　邮编：100029
　　　　　网址：www.ssap.com.cn
发　　行 / 市场营销中心（010）59367081　59367083
印　　装 / 三河市尚艺印装有限公司

规　　格 / 开　本：787mm×1092mm 1/16
　　　　　印　张：12.75　字　数：122千字
版　　次 / 2020年6月第1版　2020年6月第1次印刷
书　　号 / ISBN 978-7-5201-5859-6
定　　价 / 59.00元